JN097223

マドンナメイト文庫

激ナマ告白 ヤリたがりの人妻たち

素人投稿編集部

第一章 未知の刺激が女の欲望に火を点し

第二章 牡との熱い交接を待ちわびる女芯

第三章　熟れた身体に肉幹が激しく漲って

第四章　女たちの誘惑に抗う術はなく……

※投稿者はすべて仮名です

第一章 未知の刺激が女の欲望に火を点し

出会い系で知り合った男性と行った居酒屋で足の指でオマ○コを弄られセックスまで……

山野辺裕子　主婦・四十二歳

娘がこの春から中学三年生になります。

夫は四十五歳で大手企業のサラリーマンです。

これといった問題もありませんから、ごく普通の三人家族といっていいのかもしれません。

でも、テレビから「いよいよゴールデンウィーク」とか「もうすぐ夏休み」とかいう言葉が聞こえてくると、さびしくなるんです。

だって、休みの日になると、夫は接待ゴルフか地方出張で出かけっ放し。それは以前からのことなんですが、娘も中学生になったぐらいから、部活に行ったり友だちと遊んだりで、ほとんど家にいなくなってしまいました。

家にポツンと残された私は、暇さえあれば出会い系サイトをのぞくようになっていました。

　そして、初めてサイトで知り合った男の人に会ったのは、二年前の夏でした。

　その日は朝から家に一人でいました。夫は北海道に泊りがけの出張に行っていましたし、娘は夏休みの課外授業で軽井沢に出かけていました。

　一人なので節約しようと思ってエアコンを止めると、あっという間に全身ヌルヌルの汗まみれになってしまうような、とんでもない猛暑日でした。

　そのせいで私の体内温度も上がってしまったのかもしれません。なんかもう昼間からずっとムラムラしていて、我慢できなかったんです。

　だから、あれは仕方のないことだったんだと思います。

　何度かメールのやり取りをしていた男性に連絡して、会う約束をしました。その人は私より年下で三十代半ばの男性でした。私はそのとき四十歳だったので正直に年齢を明かすと、「年上の女性が大好きなんです」とよろこんでくれました。

　それがうれしくて、会うならこの人と決めていたんです。

　夜になってもムンッとまとわりつくような熱気がアスファルトから立ち昇っていました。そんななか私たちは繁華街の待ち合わせスポットで顔を合わせました。

「裕子《ゆうこ》さんですか？」

「あ……はい」

「いや、なんか、こんなにきれいな人だったなんて」

「やめてください、恥ずかしい」

お互いそのつもりなのに、居酒屋に入って飲みながら食事をしました。どうでもいいような世間話をしながら、早くもウズウズして心ここにあらずでした。

「じゃあ、あの……そろそろ行きましょうか」

「……え、ええ。そうですね」

店を出て少し歩くと、たくさんのラブホテルが並んでいました。

ラブホなんて十数年ぶりだったので、ちょっとドキドキしました。

ただ、セックスするためだけに作られたあの現実離れした部屋に入ると、逆によけいなことを考えずにすみました。すぐにシャワーを浴びてベッドに行きました。

そして私は、結婚後初めて夫以外の男性に抱かれたんです。

「そんなに感じて、エッチな体ですね、奥さん」

「だって、そこ、そんなに舐めたら……あっ、いい、もっとーっ」

むさぼるように全身を舐めまくられて、私はめちゃくちゃ興奮してしまいました。

それからいろんな体位でセックスしました。もう年に何回かしかなくなっていた、入れて出すだけの夫のセックスとは比べものにならない快感でした。

「くぅー、奥さん……俺、こんなに腰を振る女の人、初めてです」

「止まらないの。気持ちよくて、勝手に動いちゃうの！」

セックスしているときは、夫も娘の存在も頭の中からなくなっていました。

結婚後は家事と育児に追われて忘れていましたけど、私はもともとセックスが嫌いじゃなかったんです。いえ、むしろ好きなくらいです。

初体験は高一でした。ちょっと痛かったけど、すぐに気持ちよくなりました。

その後、つきあってない男の人ともセックスしました。正直に言えば、そっちのほうが多いです。彼氏がいるときにもほかの人としちゃったことあるし……。

独身時代にソフトSMが流行《はや》ったときがあって、目隠しされたり、ネクタイで縛られたり、バイブで責められたり、そういうのに興奮する自分も知りました。

だから出会い系サイトで刺激的なセックスを経験した私は、独身時代のようにいろんな人といろんなエッチがしたいという欲望が抑えられなくなってしまったんです。

それでもなんとか主婦としての最後の理性が働いて、出会い系サイトで知り合った人に会うのは、月に一人と決めてました。でも、会えば、よっぽど生理的に受けつけない人以外は、エッチしてましたが……。

ただ、ちょうど去年のゴールデンウィークぐらいから、性欲が加速したというか、淫らな気持ちに歯止めがきかなくなったというか、会うのが月に二人、三人と増えていき、娘の夏休み中には五人も会いました。

ほとんどの人と、その日のうちにエッチしました。

でも、夫と娘には絶対にバレたくないんで、エッチするのは一人と一度だけって決めて、それはいまでもなんとか守ってます。

そんな私が、最近すごく興奮したのは、今年になって最初に会った人でした。冬休み中の娘は友だちの家にお泊りするからっていなくて、夫は泊りがけの新春ゴルフ大会とかでいないという、いつものパターンでした。

お相手の男性は「もう還暦なんですよ」と照れくさそうに言いましたが、それよりはかなり若く見えるダンディなオジサマという感じの人でした。

エッチするのは全然オーケーでしたが、また、例によって「ちょっと食事でも」と個室形式の居酒屋に連れていかれました。部屋はこじんまりとしていて、テーブルクロスのかかった四人がけのテーブルに向かい合って座りました。

私は心の中で「この手順いらないんだけどなぁ」と思っていたんですが、オジサマの目的は、それまでの人たちとは違っていました。

　一杯目の生ビールもそこそこに、テーブルの下で靴を脱いだオジサマの足が、正面から私のふくらはぎや膝をなでるようにさわってきました。

「今日は、どんなエッチがお望みですか？」

　不意を突かれた私は、どうしていいかわからず固まっていました。するとオジサマの足は、私のはいていたフレアスカートをかき分けて内腿を愛撫してきました。

「奥さん……なんですよね？」

「ええ、結婚してます」

「だんなさんとは、世にいうセックスレスというやつなのかな？」

「ま、まあ……そんな感じです」

「それで、こうやって出会い系サイトで、男をあさってるというわけだ」

「そ、そんな……あさってるとか、私、そんな……」

「いいんだよ。後腐れないほうがいいと思ってるのは、お互い様だから」

　そんな会話をしている間に、「お待たせいたしましたー」とアルバイトの若い女の子が注文した料理を何度か運んできました。そんなときもオジサマは悪戯《いたずら》をやめないどころか、逆にフレアスカートの奥まで足を突っ込んできたんです。

私がギュッと太ももで挟むと、すぐそこに女の子がいるというのに、足をバイブみたいに振動させるので、私は必死で平静を装《よそお》いながらドキドキしていました。

そうこうするうちに、注文した料理も全部運ばれてきました。

「奥さんがエッチになる性感帯を教えてくれないかな」

オジサマの悪戯に負けちゃいけないとばかり、私はこんなことを言いました。

「足の指とか舐められると、興奮しちゃいます」

それは嘘ではありませんでした。独身時代のセフレのような男性にすごい足フェチの人がいて、たくさん舐められて開発されちゃったんです。

「ふーん、奥さんはエッチなだけじゃなくて、なかなかの変態みたいだね」

オジサマはうれしそうに目を輝かせました。

「ところで、飲み物のおかわりはどうしようか？」

「ええと、じゃあ、私は梅酒サワーをお願いします」

「ぼくは焼酎のお湯割りにしようかな」

そう言いながら注文用のタッチパネルに打ち込んだオジサマは、それが終わると、ニヤッと笑ってテーブルの下にもぐり込んでしまったんです。

「えッ……何してるんですか？」

あわてる私の右足首をギュッとつかみました。そしてパンプスを奪うように脱がせて、はいていたパンストの爪先をビリッと破いたんです。

「ヒッ、そ、そんな……アウッ」

そのまま指をぱっくりと咥え込んでしまいました。

「こ、困ります。シャワーも浴びてないのに……」

足フェチの人にだってシャワーを浴びてから舐められていたのに、そのときは家からパンストにパンプスで歩いてきて、けっこう蒸れていたと思うんです。

なのにオジサマは、おいしそうにベロベロ舐め回したり、指を一本一本吸ったり、指の間を舌でほじったり、躊躇《ちゅうちょ》のないしゃぶり方なんです。

「あ、あん、そんなに……舐めちゃダメぇ」

私はもう、恥ずかしさと快感で、背筋がゾクゾクしてしまい、ジッとしていられませんでした。息が荒くなって、エッチな声も出そうでした。

個室といっても壁は薄いし、天井のほうはすき間があったりして、隣の声がはっきり聞こえてきました。だから両手で口を押さえて声を我慢してたら、よけい感じちゃって、下半身の痙攣が止まらなくなっちゃったんです。

ちょうどそのときでした。「お待たせしましたー」って、バイトの女の子がさっき注文した梅酒サワーと焼酎のお湯割りを持ってきたんです。

「あ、ありがとう。梅酒サワー、私」

私はあわててごまかそうとしましたが、いくらテーブルクロスがかかっているとはいっても、うずくまったオジサマに気づかないわけはありません。

「どうかされましたか？」

のぞき込もうとする女の子を制して、私は大きい声で言いました。

「大丈夫よ！　ちょっと大切なアクセサリーを落としちゃって、探してもらってるとこだから。気にしないで行ってちょうだい！」

「は、はあ……そうですか」

けげんな顔で女の子が部屋を出ていくと、オジサマはテーブルの下から私の座っているほうに這い出してきて、右隣の椅子に座りました。

「別に、ぼくはバレてもよかったんだけどな」

そう言って私の耳を舐め回してきました。それからキスされました。年季の入ったディープキスはすごくイヤらしくて、私はこんなお願いをしました。

「あの、もう……別の場所に行きませんか」

「だめだよ。飲み物が来たばかりなのに、もったいないじゃないか」

いじわるな口調で言って、もう一度、私の耳を舐め回しはじめました。耳の穴をほじるようにしながら、私が着ていたニットのセーターの中に手を入れてきました。

「ヒッ、うぅっ」

そしてブラジャーのホックをはずして、カップをめくってしまいました。

「ほ、ほんとうに、ここじゃこれ以上は……」

オジサマは私の声など聞こえないというように、耳を舐め回しながら、右手の親指、中指、人差し指で乳首をつまんで、クリクリとこねくり回してきました。

「あっ、ふっ、やめて……やめてください」

私は椅子の背もたれに押しつけられて、身動きが取れませんでした。ナメクジのように舌を動かしながら、オジサマが私の耳にささやいてきました。

「さわる前からこんなに乳首を勃起させて、ほんとうにエッチな奥さんだ」

乳首をこねるオジサマの指の動きに合わせて、私の全身は小刻みに震えていました。

クイクイとしゃくり上げるように腰が動いてしまいました。

「あぁう、ダメダメ、感じちゃう」

隣の部屋に聞こえないように押し殺した声で訴えると、オジサマは左手も使って、両方の乳首を転がしはじめました。

「うくっ、そんなに……つっ！」

快感と興奮で胸が張り裂けそうな私を逆撫でするように、やがて両手の指に力を込めて乳首を押し潰してきました。

「そんなに興奮して、奥さんは変態のうえにドMみたいだね」

そのまま乳首がギュッ、ギュッ、ギュッと押し潰されました。

私は全身をふるわせながら、イヤイヤと小刻みに顔を振りました。

「もっと恥ずかしいことが、したいんじゃないの？」

問いつめるような口調でした。

「そ、そんなこと……」

私は哀願するようにつぶやいてから、コクリとうなずきました。

するとオジサマは、私の右腕からセーターの袖を引き抜いてしまったんです。

「ちょ、ちょっと……何するんですか？」

そして、そのままグウーッと右腕を引っぱり上げました。

ホックがはずされたブラジャーがブラブラして、おっぱいが見え隠れしました。

「いや、や、やめて……ください」

右腕はもっと持ち上げられて、腋の下が露《あらわ》になってしまいました。

「ひっ、そんなところ」

オジサマがいきなり腋の下に顔を埋《うず》めて、クンクンと鼻を鳴らしたんです。

「あぁっ、いい匂いだ」

「こ、こんなの……恥ずかしいです」

居酒屋の個室で、予想もしていなかったエッチなことをいろいろとされて、私の腋の下にはねっとりと汗が浮かんでいたようなんです。発情した私のいやらしいフェロモンが充満していたのかもしれません。

「だって、恥ずかしいことがしたいんだろ？」

そうつぶやいたオジサマが、突き出せるだけ突き出した舌の表面を腋の肌にこすりつけてきました。そのまま頭を振ってジュルジュルと音をさせてしゃぶり回したんです。

ゾクゾクとしびれるような快感が上半身にまとわりついてきました。

「イヤイヤ、そんな……おかしくなっちゃう」

腋の下に顔を埋めたオジサマは、次々とにじみ出る汗を舐め取り、口の中で味わうように転がしていました。いつ果てるともない腋舐めに、そのうち私は自分の体が高熱にうなされるようにブルブルと震えはじめるのを感じました。

オジサマは腋舐めをしながらチャンスを見計らっていたのでしょう。

さらに激しくジュルジュルと音を立てたかと思うと、サッとスカートの中に右手を差し込んで、すばやくパンストとショーツを奪い取ったんです。

「や、やめてください」

あっけなく脱がされてしまったところを見ると、私の体はそれほど抵抗していなかったのかもしれません。いえ、お尻を浮かして協力していたような気もします。

「ああぅ、もうほんとうに困ります……」

オジサマの指先がすかさず股間の中心に侵入してきました。

「奥さん、もう、グチャグチャじゃないか」

言われるまでもなく、私はヴァギナが熱を帯びているのは自覚していました。

「うそです。そんなこと、あるわけないじゃないですか」

私は口だけで抵抗しながら、体はオジサマの指を受け入れていたようです。

その証拠に、オジサマの指は悠々と動き回り、クリトリスに押し当てた指先でグルグルと円を描き、関節を曲げたり伸ばしたりして割れ目をえぐってきました。

私のスカートの中からは、グチュッ、グチュッとねばった音が聞こえてきました。

「ほら、こんなに音がするじゃないか」

隠しようもなく大きな音でした。私の神経を逆撫でするようにグチュグチュと淫らな音でした。居酒屋の個室に響き渡りました。

「隣の部屋まで聞こえそうだね」

「し、知りません……そんな音」

私はなじるように言いながら、求めるように下半身をうごめかせていました。

「どこから、そんな音が出てるんですか？」

私がわざとらしくそう聞くと、オジサマはうれしそうにこう答えました。

「奥さんのここ……オマ〇コだよ」

言った直後に二本の指で膣口の中に入れてきました。

挿入の圧迫感に、私はググゥッと背筋を反り返らせてしまいました。

「ダ……メ……そんなに入れちゃ……」

オジサマは余裕たっぷりに私を責めてきました。それは熟練の手マンと言えるような女のツボを知り尽くした愛撫でした。挿入した二本の指で正確にGスポットを刺激しながら、親指でクリトリスをこね回していました。

しかも、あろうことかオジサマは、熟練の手マンを駆使しながら、エッチな声が出てしまうのを必死で我慢しようと身をよじって悶《もだ》える私の姿を楽しむように、ときおり焼酎のお湯割りを口に運んでグビグビとやっていたんです。

「奥さん、我慢しないで声出していいんだよ。ドMなんだから、エロい声を隣の部屋の人にも聞いてもらったほうが、興奮するんじゃないか」

「んぐう、はう、私、感じてなんか……」

するとオジサマは二本の指をさらに強くGスポットに押し当てて、グイグイとかき出すように動かしはじめました。私の下腹部がドクドクと脈打ちました。

「ダメダメ、そんなの……」

スカートの中から聞こえるねばった音がどんどん大きくなりました。その音を聞いたら、もっともっと興奮しちゃって、耐えられなかったんです。

「やめてっ……ください。あぁっ、出ちゃう」

下腹部が波打って、膝がブルブルと痙攣しました。

「イヤイヤ、出ちゃうってば……あぁぁっ、ダメェッ！」

潮だかオシッコだか愛液だかわかりませんが、ヴァギナから溢れようとするのを感じたんです。挿入されたオジサマの指で押さえられているようでした。

「いいんだよ、出しちゃって」

そう言うとオジサマは、飲みかけのグラスを私の股間に持っていきました。

「……な、何をしてるんですか？」

その瞬間にオジサマが指を抜いて、私はおもらししてしまいました。

「あっ、あぁ、どうしよう、出てるぅ」

放尿とは微妙に違う感触ですが、ビュッ、ジョボジョボというような感じで垂れ流してしまいました。オジサマは私の蟻の門渡りあたりにグラスを当てて、液体を受け止めていました。そんなことをするなんて、ほんとうに変態です。

「し、信じられない。どうして……」

私は全身が発熱したように熱くなって、汗がじっとりとにじみ出していました。

「フフ、焼酎のマン汁割りになっちゃったな」

オジサマはそう言っておいしそうにゴクリと飲んでしまいました。

「う〜ん、すごくエロい味だ」

そこまでもてあそばれたら、私も黙ってはいられませんでした。

「立ってください。今度は私が……」

オジサマはうれしそうに「今度は俺を気持ちよくしてくれるんだね」と言って、狭い個室の壁際に立ち上がりました。私はその足元にしゃがんでベルトをはずし、トランクスをずり下げて、半勃ちのペニスを剝き出しにしました。

問題は私の体勢でした。狭い個室なのでしゃがもうとすると、ヒップや背中がテーブルや椅子に邪魔されて、野球のキャッチャーのような格好になってしまったんです。壁を背にしたオジサマの膝の左右に私の両脚がガバッと広がっていました。フレアスカートが脚のつけ根までめくれて陰毛がチラチラと見えていました。

私はそれをごまかすようにオジサマの太ももに両手を添えて、股間にキスの雨を降らせたんです。ペニスの根元から亀頭まで、チュッ、チュッと吸いつくように唇を押しつけ、手を使わずにカリも裏筋も睾丸の袋も舐め回しました。

「くぅ〜、すごいね、奥さん。淫乱女みたいだ」

そう言ったオジサマのペニスには徐々に芯が入って、ゆっくりと亀頭を持ち上げてきました。すかさず私はそれをぱっくりと咥え込み、頭を前後に振って大きく出し入れしました。口の中に溜まった唾液で個室にねばった音が響きました。

「グジュッ、ジュルル、ハッ、ブジュッ……」

遠いような近いような居酒屋の喧騒《けんそう》が耳の奥に聞こえていました。そこで自分がフェラチオしてると考えると、言葉にできないほどの昂《たかぶ》りを感じました。

そのうちにオジサマのペニスがググッ、ググッと口の中で硬く反り返ってきました。亀頭がのど元まで届き、口角からダラダラと唾液が垂れていきました。

「んぐっ、うっ、はぁあっ」

うめくように声を発したオジサマの脚がブルブルしていました。私のフェラチオで感じていると思うと、もっともっと興奮してしまいました。

そして私は、オジサマが私のフェラチオを凝視しているのを意識しながら、自分の股間に手を忍ばせてオナニーを始めてしまったんです。

しゃぶっているオジサマのペニスを入れたくて仕方ない自分を焦らすように、右手の中指と薬指をヴァギナに入れて、ゆっくりと出し入れさせました。

「あうっ、はっ、んんぐうっ」

膣の中がイソギンチャクのようにうごめいて、自分の指を締めつけました。

「奥さん、まさかオナニーしてるの？」

オジサマが驚いたように言うと、ペニスがさらに大きくなりました。

「淫乱みたいじゃなくて、ほんとうに淫乱だったんだね」

私はイヤイヤと頭を振って、フル勃起のペニスを深く咥え込みました。頭を前後に振ってペニスを唇で絞るようにしごきました。

「うう～、そんなふうにしゃぶられたら……」

オジサマがうめくのを聞いて、私は我慢できなくなってしまいました。

「椅子に、座ってもらえませんか」

オジサマが椅子に座ると、ペニスが隆々と上を向きました。とても還暦とは思えない逞しさでした。私はフレアスカートをたくし上げ、相撲の四股《しこ》のように脚を踏ん張って、ピンピンに張った亀頭を私のヴァギナに近づけていきました。

「奥さん、入るとこ……見たいんだね」

私は答える代わりに股間に手を伸ばして、ペニスに指を絡めました。そしてビクビクと弾む亀頭を、愛液でグチャグチャになったヴァギナにこすりつけたんです。

軟体生物のようにうごめく私の小陰唇が、亀頭にまとわりつく様子が丸見えでした。

「だけど、ぼくがいいと言うまで、入れちゃいけないよ」

私は腰を振りながら、オジサマの顔と握ったペニスに視線を走らせました。

「あぁっ、この太くて硬いチ○ポ……はやく入れてください」

「そんなこと言って、恥ずかしくないの？」

「……い、いじわる」

私は握ったペニスをグイグイとしごきました。

「そんなに欲しいの？」

「ほ、欲しいです。私のオマ○コにチ○ポが欲しい！」

「まあ、そこまで言うなら入れていいよ」

ようやく私は腰を落とすことができました。張りつめたカリの笠の圧力で小陰唇が広がり、亀頭がヌメリと膣口に埋まっていく光景が丸見えでした。それからペニスが一気にヴァギナの中に呑み込まれていったんです。

「い、い、いやらしぃ……ッ！」

私はカリ首が姿を現すまで腰を持ち上げてから、ゆっくりとペニスの根元までを埋めていきました。膣口をペニスがこするたびに、蜂蜜のようにねばり気の強い愛液が、ブジュッ、ブジュッとしみ出していました。

「あぁぁっ、すごい……興奮しちゃう」

私は腰を上下させながら、両手でセーターを首までまくり上げました。

「乳首がこすれて、ずっと勃ちっぱなしです」

オジサマが顔をひねるようにして、固まりきった乳首を舐めてくれました。

「あくっ、そう、気持ちいいっ！」

居酒屋の個室にいることを忘れて、私は大きい声を発してしまいました。

私があわてて口を手で押さえると、オジサマが乳首を激しくしゃぶりながら、下からグイグイと腰を突き上げてきました。

「ダ、ダメです。声が隣に、聞こえちゃう」

エッチな声をごまかすために、私は自分からオジサマの唇を塞《ふさ》いでいました。座位のべろチュ～で喘ぎ声を押し殺して、深く挿入して前後に腰を振りました。

「んっ、うっ、はぁぁっ」

やがてオジサマが唇を離し、ささやくように言いました。

「動物みたいに、立ったまま後ろから入れてあげるよ」

「ど、動物って……」

「さあテーブルに手を着いて、お尻を突き出すんだ」

私はオジサマがそう言ってくれるのを待っていたのかもしれません。立ち上がって体をひねり、テーブルに手を着いて立ちバックの体勢になりました。

スカートをめくったオジサマが、背後からペニスをヴァギナに宛がってきました。ニチャッ、ニチャッと音を響かせて、促すように亀頭をこすりつけていました。

「はっ、はっ、やめて、そんなに……」

亀頭から根元まで埋まってくるのが目に見えるようでした。

「ああっ！　くるぅ、奥までくるぅっ」

根元まで埋めてから、オジサマはピストンの出し入れを始めました。腰骨を私のヒップに叩きつけるように突き出して、勢いよく奥まで貫いてきたんです。

「す、すごい……激し、いいぃぃっ！」

私は全身の毛穴から汗が噴き出しました。激しい挿入を受け止めるように脚を踏ん張り、ヒップを突き出して、天井を向くほど顔をのけぞらせていました。

「あぁぁっ、ダメダメ、イッちゃう！」

ちょうどそのときでした。トントンとドアがノックされると同時に、

「空いてる器をお下げしまーす」

と、若い女の子が個室の中に入ってきたんです。そのまま金縛りにあったように動かなくなった彼女の顔を見て、私は一気に昇りつめてしまいました。

「あぁぁぁっ、イッ、イッ、イッちゃう」

オジサマも息を止めて、ラストスパートのピストンを繰り返してきました。

「俺も出そうだ。アウッ」

「出して！　あう、イクッ、あぁぁっ、いっしょに！」

こんなに変態なことをしてくれる人がいるから、私の体はますます我慢できなくなっちゃって、後腐れのない男性を求めて今日もサイトあさりが止まらないんです。

妻を抱いてやってほしいという夫の頼みでびしょ濡れのおマ○コを激しく責め立て……

坂下成司　会社員・三十三歳

私はスワッピングに興味がある男です。五年前に結婚し、三歳になる一人娘がおります。

いつのころからか、スワッピングをしたいという願望が芽生え、その手のサイトを見ては妄想にふけっていました。

そんなある日のこと、掲示板の投稿を眺めていると、妻を抱いてほしいという男性からの募集に目がとまったんです。

興味を抱いた私はさっそくコンタクトを取り、メールのやり取りを始めました。

彼は神林《かんばやし》と名乗り、年齢は五十三歳。一回り年下の郁美《いくみ》さんと結婚したのは二年前で、会社の元部下という話でした。

彼女には離婚歴があり、元夫との婚姻中に神林さんに相談したことがきっかけで交際が始まったそうです。

ところが四十一歳の郁美さんは女盛りで性欲が強く、精力の減退を自覚した神林さんはプレッシャーから勃《た》ちが悪くなり、かなり悩んだということが文面に綴られていました。

そして掲示板に投稿したのは、奥さんが出会い系サイトに登録している事実を知ってしまったことが理由だったようです。

つまり、自分の目を盗んで浮気をされるよりは、夫公認のスワッピングのほうがまだましだというわけです。

もちろん私の妻の参加は不可能であり、それでもいいのかと確認すると、オーケーの返事が来ました。

完全なスワッピングではありませんでしたが、雰囲気だけはたっぷり味わえる。

この時点で私の性的好奇心は頂点に達しており、私たちは互いのプロフィールを送り、段取りを慎重に話し合いました。

郁美さんの写真も送られてきたのですが、遠くから写したものなので目鼻立ちがはっきりせず、年齢のわりには若々しいかなという印象しか受けませんでした。

それでも都合よく脳内変換しているのか、次第に美熟女に見えてきて、股間はふくらむばかりだったんです。

変則スワッピングをするにあたり、神林さんはいくつかの条件を出してきました。秘密は厳守すること。避妊具を装着すること。手荒な行為はいっさい厳禁。郁美さんにその気が失せた場合は即座に中止すること。最後に寝室にカメラをセットし、となりの部屋で神林さんが様子を見守ること。

初対面の男と自分の妻が密室で二人きりになるのですから、やはり心配だったのでしょう。

彼が同じ部屋に居座ることを条件にしていたら、おそらく断っていたと思います。奥さんも了承したとのことで、日時は一カ月後の金曜日の夜、場所はシティホテルの一室に決まりました。

その日は期待と不安に胸が高鳴り、仕事にまったく集中できませんでした。

指定された部屋に赴《おもむ》くと、バスローブ姿の神林さんがドアを開け、気まずいというか照れくさいというか、なんとも言えない雰囲気がただよいました。

これから彼の奥さんを抱くことになるのですから、当然といえば当然の感覚です。

「さ、どうぞ」

「あ、はい……失礼します」

リビングに導かれると、椅子に腰かけた奥さんが伏し目がちに頭を下げてきました。涼しげな目元、すっきりした鼻筋、ふっくらした唇と、写真以上に美しく、心臓の鼓動がいちだんと跳ね上がりました。

「まずはシャワーを浴びてもらってから、ゆっくりお話ししましょうか。脱衣場にバスローブがありますので、それに着替えたら寝室に来てください」

「わかりました」

打ち合わせどおり、神林さんに浴室へ促されたのですが、シャワーを浴びているときは不安のほうが大きくなりました。

郁美さんはまちがいなく私を値踏みしているはずで、断られたらどうしようという思いでいっぱいだったんです。

こちらも写真は送っており(バストアップのちょっとぼやけた写真ですが)、大丈夫なはずだと思いつつ、浴室をあとにして寝室に向かいました。

丸テーブルの上にはブランデーが用意されていましたが、私の目はダブルベッドとその脇に置かれた定点カメラに向けられ、全身が熱くなり、胸がいっぱいになりました。

「お腹は空いてないですか?」

「はい、すませてきましたので」

「じゃ、まずは乾杯しましょう」

席に着くやいなや、神林さんがリードしてくれ、しばらく世間話をする間、郁美さんはただ相槌《あいづち》を打つばかりでした。

おそらく、彼女もかなり緊張していたのだと思います。

アルコールが回りはじめると同時に横目で探ると、濡れた唇と襟元からのぞく白い肌がまぶしく、全身の血が沸々と滾りました。

三十分ほどは、話をしていたでしょうか。ころあいと判断した神林さんは席を立ち、私に目配せしました。

「それじゃ、私はリビングにいますので、あとはよろしくお願いします」

「あ、は、はい」

いよいよ、他人の妻を抱く瞬間がやってきた。さすがに武者震いし、不安が一気に襲いかかったのですが、いまさらあとには引けません。

神林さんが寝室をあとにすると、私はためらいがちに声をかけました。

「あの、ホントにいいんでしょうか？」

「……え？」

「私のような男で」

「え、ええ。写真よりも優しそうな感じで、安心しました」

「そうですか。いや、なんといっても初めてのことなんで、緊張して心臓が口から飛び出そうなんです」

「私も……同じです」

郁美さんは初めて笑顔を見せてくれ、ホッとしたのは事実ですが、それでも緊張はなかなか和《やわ》らぎませんでした。

こちらの姿や会話は、神林さんに筒抜けの状況だったのですから、なおさらのことです。

私は穏やかな態度と口調で、彼女をさらにリラックスさせようとしました。そして互いにぎこちなさが失せたころ、覚悟を決めて誘いをかけたんです。

「ベッドに……行きましょうか？」

「……はい」

困惑した顔が男心をそそらせ、バスローブの下のペニスが膨張し、理性より本能のほうが勝りました。

隣り合わせでベッドに腰かけ、私は彼女の手を握りしめながら大袈裟に溜め息をつきました。

「はあ、信じられません」

「何がですか？」

「奥さんの写真を見たとき、こんなきれいな人を抱けるなんて、絶対にありえないと思ったんです」

女心をくすぐる言葉を投げかけると、彼女は恥じらいつつ、手をギュッと握り返してくれました。

この時点で同意してくれたのだと判断し、不安はすべて頭から吹き飛びました。

顔を近づけると、彼女はためらいながらもキスを受け入れてくれ、同時に神林さんは別室でどんな顔をしているのだろうと考えました。

自分も同じ状況に立たされたら、どんな表情をするのか。ほかの男に抱かれる妻の姿を想像したとたん、妙な昂奮に衝《つ》き動かされてしまったんです。

バスローブの合わせ目から手を入れると、豊満な乳房の感触にびっくりしました。

さほどの力を込めずとも、指が乳肌にめり込むほど柔らかかったんです。

「うふっ……ん」

さすがは人妻熟女と思う一方、キスをすれば、鼻から甘ったるい声がこぼれ、熱い息が口の中に吹きこまれました。

彼女は微動だにしなかったのですが、積極的に舌を動かし、唾液をすすり上げてきたんです。

「ん、んふぅ」

硬くしこった乳首を指で転がすと、再びくぐもった声が響き、ペニスがジンとひりつきました。

私はたわわな乳房を手のひらで丹念に練ったあと、当然とばかりに手を下腹部に伸ばします。

バスローブのすそから指をすべらせ、むちっとした太ももをなでさすっただけで、豊かな腰がピクンとひきつりました。

徐々に中心部に這わせていくと、彼女は足を閉じたものの、柔らかい内腿は無骨な指を容易に受け入れました。

「ん、んっ！」

ふしだらな熱気が手を包みこんだ瞬間、指先は女の中心部をとらえました。

驚いたことに、そこはすでに大量の愛液で溢れ返り、ヌルッとした感触が走ったんです。

いったい、いつから濡らしていたのか。彼女の態度からは想像できなかった肉体の反応に、昂奮のボルテージが限界を越えました。

軽く指を動かしただけで、くちゅくちゅと淫らな音が響き、郁美さんはよほど気持ちいいのか、ヒップを何度も揺すりました。そして反撃開始とばかりに、彼女もバスローブの上からペニスをまさぐってきたんです。

「お、おふっ」

快感電流が背筋を駆け抜け、私はあまりの気持ちよさにうめき声をあげました。しなやかな指はペニスの位置を探り当て、ギュッギュッともみこんでくるのですからたまりません。

唇を離して郁美さんの顔を見つめると、耳たぶまで真っ赤に染まっており、潤んだ瞳は早くも焦点を失っていました。

「奥さん……すごいです」

「ああ」

抱きついてきたとき、彼女は耳元で甘くささやきました。

「私も、信じられないわ。若くて逞しい男の人に抱かれるなんて。写真を見たときから、あなたのことが気に入ったの」

男としてはうれしいほめ言葉であり、頭の中はこの人と早くやりたいという欲望に占められました。

バスローブの腰紐をはずし、肩から脱がすと、郁美さんは困惑げに身をよじりました。

自分の姿はすべて夫に見られているのですから、恥ずかしいのは当然のことです。

私のほうは昂奮が止まらず、猛々しい性欲はうなぎのぼりに上昇するばかりでした。

豊満な乳房に官能的なカーブを描く腰回りと、肉感的な体つきがさらにペニスを反り返らせました。

私は立ち上がりざま掛け布団を床に落とし、バスローブを自ら脱ぎ捨てていったんです。

学生時代はラグビーをしており、体つきとスタミナには自信があります。

はたして、彼女はどんな表情を見せるのか。バスローブを放り投げ、股間を突き出すと、郁美さんはさすがに目を逸《そ》らしました。

股間から突き出たペニスは天に向かって突き出し、自分でも驚くほどの勃起力を誇っていました。

パンパンに張りつめた亀頭、真横に張り出したカリ首、胴体には無数の静脈がぶっくり膨れ上がり、いつもより一回りも二回りも大きく見えたんです。

「奥さん、チ○ポ、こんなになっちゃいました。見てください」

郁美さんは決心がつかないらしく、なかなか視線を向けなかったのですが、私はこのとき、神林さんの約束を思い出していました。

妻の乱れに乱れた姿を引き出してほしいという言葉が、頭の中をぐるぐる駆け巡っていたんです。

「さあ、早く」

鼻息を荒げて催促すると、彼女は顔を真正面に向け、恐るおそる股間の中心部を見つめました。

「……あぁ」

人妻熟女は目をとろんとさせ、かすかに開いた口のすき間で舌を物欲しげにすべらせました。

なんと、いやらしいシチュエーションなのか。

将来、自分も妻に若い男をあてがい、好色な姿を目にしたいと思いながら、さらにペニスを近づけていったんです。

「奥さんが魅力的だから、こんなになっちゃったんです。好きなようにしてもらってけっこうですよ」

ニヤニヤしながら告げると、郁美さんは両手をそっと上げ、手のひらで肉胴を包みこみ、ペニスの量感と質感をたっぷり堪能《たんのう》しているようでした。

「どんな感じですか？」

「おっきくて……硬い」

「さわってるだけでいいんですか？」

背中を軽く押してやると、右手でペニスをしごきつつ、左手で陰嚢をもみこんできました。その間に彼女はのどをコクンと鳴らし、熱い溜め息を何度も放ちました。

よく見ると、腰もくねらせていて、性感は明らかに限界点に達していると思われました。

「ああ、気持ちいい。さすがは人妻ですね。すごく慣れてる」

こちらから要求もしていないのに、手コキの速度がみるみる上がり、鈴口から我慢汁がじわっとにじみ出しました。

「奥さんがうますぎるから、先っぽからエッチな汁が出ちゃいましたよ」

「あぁ……いや」

彼女は息を弾ませ、今度は舌先で唇をなぞり上げました。

そしてとうとう我慢の限界を迎えたのか、自ら勃起にむさぼりついてきたんです。

「……あ」

仰天《ぎょうてん》した直後、凄まじいばかりの快感が股間から脳天を突き抜けました。

郁美さんは長い舌を突き出して裏筋と縫い目をベロンベロンと舐めたあと、真上からがっぽりと咥えこんできます。

ペニスが根元から引っこ抜かれるのではないかと思うほどのフェラチオに、私は目を見張りました。

「んっ！　んっ！　んっ！」

鼻からリズミカルな吐息をこぼし、一心不乱にペニスを舐めしゃぶる姿は、まさに飢えた牝犬のようでした。

じゅるじゅる、じゅぱぱっ、ぶちゅぷぷっといやらしい音が室内に反響し、こちらの性感をいやがうえにもあおりました。

しかも彼女は顔を左右に振り、きりもみ状の刺激を吹きこんできたのですから、早くも射精願望に衝き動かされ、太ももの筋肉と括約筋がひくつきました。

「おっ、おっ、おふっ」

「は、んふぅっ」

たっぷりの唾液をまとったペニスがあっという間に照り輝き、床に向かってつららのように垂れ落ちました。

余裕綽々《しゃくしゃく》の表情は装《よそお》っていましたが、このままでは射精してしまうと考えた私は、郁美さんの頭に手を添え、フェラチオを強引にストップさせました。

「べ、ベッドに寝てください」

「……あん」

彼女の肉体を抱きかかえ、シーツの上に横たわらせると、私はベッドに這いのぼり、肉づきのいい下腹部に欲望の目を向けました。

またもや羞恥心がぶり返したのか、熟女は両足をくの字に曲げたまま、けっして開こうとしません。

「ずるいですよ、ぼくのばかり見て。奥さんのおマ◯コも見せてください」

「あぁ、いやぁ」

膝に手をあてがい、無理やり広げると、郁美さんは唇を噛んで顔をそむけました。

「お、おおっ」

熟女のあそこはぱっくり割れ、肉厚の陰唇が外側に大きくめくれ上がっていました。

逆三角形に刈り揃えられた陰毛、包皮が剝けたクリトリスも目を惹いたのですが、裂け目からのぞく内粘膜に視線が集中しました。

すでに透明な蜜が溢れ出し、とろとろの膣壁がうねる光景に胸が騒いだんです。

「す、すごい……こんなに濡れるなんて」

郁美さんは目を閉じ、頬を染めていましたが、恥じらいの表情が男心をことさら刺激し、私は肉の丘陵にかぶりつきました。

「あ、やぁあぁぁっ」

唇と舌を駆使し、愛液をすすりながら女の性感帯に快感を吹きこみました。

あれほどクンニリングスに熱中したのは、初めてのことだったかもしれません。

この光景を、神林さんはどんな顔で見ているのか。

考えただけで倒錯的な昂奮に駆り立てられ、ペニスがひと際脈動しました。

「ああ、奥さんのマン汁、すごくおいしいですよ」

「んっ、ふっ、はっ、だめ」

唇をすぼめてクリトリスを責めたてると、ヒップがクンと浮き、内腿が小刻みな痙攣を始めました。

「ああ、いやっ、イッちゃう、すぐにイッちゃう」

肉豆を口の中に引きこんでさらなる刺激を与えたとたん、恥骨が上下に振られ、郁美さんは瞬《また》く間にエクスタシーに達してしまったんです。

顔を上げて様子を探ると、彼女はうっとりした表情を浮かべ、ペニスが激しく疼きました。

私は身を起こし、ヘッドボードに置かれた避妊具を手にするや、忙《せわ》しなくペニスに装着しました。そして足の間に腰を割り入れ、亀頭冠をスリットとクリトリスにこすりつけたんです。

「あ、あ……」

「見てください。奥さんがいやらしいから、チ○ポがビンビンですよ」

「あん……だめ」

「何がだめなんですか? クリちゃん、こんなに大きくさせて」

言葉責めを繰り返しながらいたぶっていると、腰がまたもやくねりだし、縋《すが》りつくような眼差しが向けられました。

「どうしてほしいですか?」

焦らしながら問いかけても、彼女は本音を告げようとはしません。それでも本能には逆らえなかったのか、小声で訴えました。

「……入れて」

「どこに何を入れるんですか?」

羞恥に身悶《みもだ》える姿がまた扇情的で、ペニスが限界まで張りつめました。

「おマ〇コに……おチ〇チンを入れて」

「わかりました。では、お望みどおりに」

「ひっ、んっ！」

亀頭を割れ目にあてがい、腰を徐々に繰り出すと、郁美さんは小さな悲鳴をあげ、全身をひくつかせました。

「ほうら、おチ〇チンが入っちゃいますよ」

「あ、あ……」

熟女のあそこはきつくも緩《ゆる》くもなくペニスをやんわり包みこみ、柔らかい媚肉は妻のそれとはまったく違い、身も心もとろけるような感触でした。

最初はソフトなスライドで熟女の性感をあおっていたのですが、あまりにも気持ちがよくて、自分でも気がつかないうちに本格的なピストンを繰り出していました。

「ぬ、ぬおおっ」

「あ、やっ、やっ、またイッちゃう、イッちゃうっ」

全身の毛穴から汗が噴き出すなか、私は歯を剝き出して腰をガンガン打ち振っていました。

「いいですよ、いつイッても。何度でもイカせてあげますから」

そう言いながら臀部を回転させて膣肉をえぐった瞬間、郁美さんは両目を堅く閉じ、絶頂の扉を開け放ったんです。

「イクっ、イクっ、イックぅぅっ!」

恍惚《こうこつ》とする彼女を見届けてから、私も放出し、こうして初めてのスワッピングを心ゆくまで楽しむことができました。

あとで話を聞くと、神林さんもすごく昂奮し、私が帰ったあとに郁美さんを抱いたとのこと。ていねいなお礼のメールをもらい、恐縮することしきりでした。

彼らとは合計三回の変則スワッピングをしましたが、いまは連絡がありません。ほかに適当な男性を見つけたのか、それとも新たな刺激を求めているのか。なんにしても、神林さんにはとても感謝しています。

夜のナースコールで個室に駆けつけたあげく入院患者のペニスをしゃぶるベテラン看護師

渡瀬洋子　看護師・四十一歳

大学を卒業後、ずっと総合病院の看護師として働いています。

未婚のまま四十一歳となり、周囲からはいわゆるお局様《つぼね》と映っているでしょう。

仕事は激務でストレスも多く、若い看護師の定着率は男女ともに低いのですが、私は後輩イビリや意地悪はしてこなかったつもりです。

私には職場でストレス解消の秘密があったのです。

入院している気に入った男性患者を篭絡《ろうらく》し、長年淫らな行為にふけっていたのです。

個室、若い男性患者、口が堅い、四十越えの自分に性的関心を持ってくれる、など。

条件が厳しいように見えますが、これが意外と容易に見つかるのです。

ある夜勤の日、午後十一時にナースコールがセンターに入りました。

「渡瀬《わたせ》主任、一七〇一号室の田辺《たなべ》さんです」

「いいわ、私が行きます。そのあと巡回もしてくるわね」

エレベーターに乗り、夜の静謐《せいひつ》な病院をコツコツと進みます。普通の感覚だと夜の病院は不気味なものでしょうが、私には歓楽街に繰り出す男性のような、淫靡でよこしまな喜びが溢れていたのでした。

周囲に気を配り、控えめにノックをしながら、

「田辺さん、どうしましたか？」

と小さく声をかけ、入室しました。

田辺さんは大学二年の男の子で、原付で転倒事故を起こし、両手骨折で入院していました。親御さんがお金持ちで個室に入っていたのです。

「渡瀬さん、来てくれたんですね……」

ベッドに近寄った私は、田辺さんに背を向けて簡易テーブルの上を整理しました。突き出したお尻が田辺さんの顔のすぐ近くにある格好です。

ゴクリと息を呑む音が背後から聞こえてきて、失笑が洩れそうになりました。

「うふふ、どうしてかしら。お尻がムズムズするわ」

「……ぼくが見つめてるからかも」

「うふ、そうね。視線がお尻に突き刺さってるのを感じるわ」

白衣の下には、赤いパンティを身に着けていました。夜の室内照明の下でも、こんなふうにお尻を突き出せば、色だけでなくレースの模様も浮き出ていたでしょう。添え木を包んだ白い包帯の手で、田辺さんは私のお尻に触れてきました。

「あらら、痛いのを我慢してさわってるの？」

お尻を突き出したまま、からかうように言うと、

「ああ、手のひらいっぱいでお尻をさわってみたいです……」

苦渋に満ちた声で、露骨な言葉が後ろから聞こえてきました。

「リハビリをがんばることね。うふふ、励みがあればすぐに治るわ」

「……そうですね。がんばります」

田辺さんが救急車で搬送されたとき、私が担当看護師でした。私は本人やご両親との会話を通じて、時間をかけて田辺さんの個人情報や趣味嗜好などを訊き出し、ターゲットに決めていたのです。

ナースコールが鳴ると、担当の私が駆けつけるのは不自然ではありません。二人だけの個室でワザとらしく胸元を少し下げたり、これ見よがしにお尻を向けたりして、大学生の田辺さんが四十一歳の私に性的な関心を向けてくれるかどうかを検証していたのです。

振り返った私は、浴衣に似た入院着の上から田辺さんの股間にそっと触れました。

「うふふ、腕は折れてるのに、ここは硬くなってるわね」

看護師にあるまじき言葉を口にし、入院着の上からペニスをつかみました。

「んんっ、渡瀬さんっ……！」

田辺さんはあごを出し、苦しそうにうめきました。私が部屋に入ったときから、田辺さんの顔は赤くなっていました。どんな「治療」をするのか、男子大学生も察していたのでしょう。

入院着の上から軽くペニスをつかんだだけなのに、田辺さんは目を強く閉じ、歯を食いしばっていました。両手が使えず、自慰もできない状況が一週間以上続いたので、ある意味当然の反応でしょう。事情を知らない人が見れば、治療中の腕の痛みに耐えているように見えたかもしれません。

田辺さんの入院着の腰ひもを解《ほど》きました。

「お尻、少し上げられる？」

田辺さんは両腕を刺激しないよう、慎重に腰を浮かせました。私はボクサー型のブリーフに手をかけ、ゆっくりと下げました。

ブリーフの腰ゴムに引っかかったペニスが、ビロンッと跳ね上がり、男の子の淫らな期待のお汁が私の顔に飛んできました。

「元気いいのね。大学生のオチ○チンなんて久しぶり」

そんなことをつぶやいてしまいました。

「……渡瀬さん、すごくエッチな顔してる」

口は閉じていましたが、笑みが洩れていたのでしょう、田辺さんに言われてしまいました。

「あら、これは治療なのよ」

大人の口調で言いわけすると、勃起した男子大学生のペニスに顔を寄せました。

まだ青臭さの残る男の子のペニスは、私にとって秘密のご馳走でした。

「ああ、いいわあ、この香り……」

両手でペニスにそっと触れ、頬ずりもしました。

「渡瀬さんの指、冷たくて気持ちいい……」

熱くいきり立ったペニスは、男の子の匂いと清潔な石鹸の匂いがしました。

その数時間前、田辺さんを半身浴させていたとき、私が「ていねいに」洗っていたからです。

入浴の補助は重労働ですが、若くて素直な田辺さんは積極的に協力してくれ、両腕骨折のわりには体力的にずいぶん楽でした。

恥ずかしさのせいでしょう、最初はブランとしていた大学生のペニスは、私が洗っているうちにみるみる大きくなり、すぐに天を突くぐらいの角度になりました。

手と指をソープでぬめらせ、硬くなったオチ○チンとタマタマ、脚を広げさせてお尻の穴まで、じっくりと洗ってあげました。

「ねえ、お口で洗ってほしい？」

田辺さんはゆるく口を開いたまま、返事もうなずくこともできないほど動揺していました。

真正面からペニスをゆっくり呑み込みました。

「ああ……渡瀬さん、気持ちいいっ！」

男子大学生の低い声が、狭い介護浴室に響きました。

（おいしいわ、若い男の子のオチ○チン……！）

私がこの病院で勤務を始めたころにはまだ田辺さんは生まれていなかったことを考えると、言いようのない征服欲を覚えました。

大人の男性のように黒っぽくなっていない若いペニスはみずみずしく、陰毛も浅く、私は心を込めて口中と舌でペニスを愛しました。

あまり時間をかけていられませんでした。

私は強めにペニスを咥えたまま、顔を前後させました。

「あっ、あっ！　渡瀬さんっ、出そうっ……！」

地声の低い田辺さんにこんな声が出せるのかと思うほど高いトーンでした。

田辺さんはあっけないほど早く、私の口の中に精液を放ちました、

（あああ、なんておいしいの……すごく濃いわ）

若い男の子の精液の味と香りは格別です。私はウイスキーを楽しむように精液を舌の上で転がし、ゆっくりと飲み下しました。鼻から出る戻り香に、思わず目を細めてしまいました。

「病院で射精するなんて、思ってもみなかった……」

田辺さんは上気した顔に、とまどったような表情を浮かべていました。唇が何度か上を向こうとしていたので、苦笑を浮かべようとしていたのかもしれません。

荒くなりそうな息をととのえ、私は田辺さんに告げました。

「……もっと落ち着いてしてもらいたいと思わない？　夜の十一時にナースコールを鳴らしたら、私が行ってあげる」

意識的に唇をゆがめて言うと、そのときも田辺さんはゴクリとのどを鳴らしました。

ベッドの上でペニスを剥き出しにさせると、私は両手で田辺さんの両脚を広げさせました。

「ああ、渡瀬さん、恥ずかしい……」

「あら、なに女の子みたいなこと言ってるの」

女性とちがい男性がこの姿勢をとると、真ん中で立っているペニスがなんとも滑稽《こっけい》でおマヌケに見えます。この姿を見られて恥ずかしがる様子が、私はたまらなく好きなのです。

田辺さんは顔をもたげ、子犬のように物欲しそうな顔をしていました。

「また、舐めてほしいの？」

田辺さんは泣きそうな表情で顔をカクカクと振りました。

「あああ、渡瀬さんの舌、ヌルヌルで気持ちいい……」

介護入浴のように順番があるわけではなく、急ぐ必要はありません。私は若いペニスをじっくりと味わい、タマタマも手のひらで優しくなでさすりました。

「田辺さん、お尻をもう少し上げられる？」

私もベッドに乗り上がり、怪我をした両手を刺激しないよう、ゆっくりと田辺さんのお尻を持ち上げました。いわゆるまんぐり返しに近い姿勢です。

両脚の間から見える田辺さんの顔には、困惑と期待と羞恥が、わかりやすく浮かんでいました。

「うふふ、恥ずかしいのね？」

「うん……初めてだよ。女の人にお尻の穴を見られるなんて」

残念ながら田辺さんは童貞ではありませんでした。経験した女性は二人で、一人は同級生、もう一人は一年後輩の女子とのこと。どちらとも別れていて、入院しているのは知っているはずなのに、見舞いにも来てくれないとぼやいていました。

私はタマタマをゆるく舐め回してから、ゆっくりと舌を後ろに下げました。

「あっ、あっ……渡瀬さん、あんまりそっちのほうは……」

気持ちよさに腹筋を割らせつつ、田辺さんの声には不安が混ざっていました。私の舌がどこに向かいつつあるのか悟ったのでしょう。

玉袋とお尻の間のコリコリしたところを、とがらせた舌で強くほじくりました。垂れた私の唾液がタマタマを濡らし、お尻の穴に透明な池をつくりました。

「渡瀬さん、気持ちいいけど、それより下は……ああっ！」

田辺さんの消極的な牽制は、途中で悲鳴に変わりました。

舌を硬くとがらせたまま、私は田辺さんのお尻の穴を突いたのです。

「んあっ、ダメだって！　わたっ、んあぁあっ……渡瀬さんっ！」

のどの奥から絞り出すような声でした。すぐ目の前にある勃起したオチ○チンがお腹にへばりついたまま、陸に上がったマグロのようにビクンビクンしていました。

「うふふ、田辺さん、ほんとに女の子みたいな顔してるわよ」

「そんなこと……あんんっ！」

自分でも知らなかったペニス以外の強い性感帯を刺激され、とまどっているのが手に取るようにわかりました。軽い屈辱感も覚えていたでしょう。

「渡瀬さん、そこ、きれいなところじゃないのに……」

「大丈夫よ。そのためにさっきお風呂で念入りに洗ったんだから」

「…………」

肛門のシワをほぐすように、舌先でていねいに溝をほじってから、田辺さんのお尻を元どおりおろしました。赤く勃起したペニスの先からは、すでに射精したのかと思うぐらいたくさんの期待汁がにじみ出ていました。

「うふ、オチ○チン、怒ってるみたい。早くしろって」

勃起した大学生のペニスは、垂直に起こすのにも力が要るほどでした。

「ああ、かわいいわ、田辺さんのオチ○チン……お風呂で舐めてて思ったの。私のお口にピッタリだって」

「……ほんとに？」

顔をもたげ、幼児のような不安を浮かべて田辺さんは言いました。

ペニスの横軸にチュッとキスをすると、私はまたペニスをまっすぐ上から呑み込みました。とたんに田辺さんはあごを出し、腹筋を割ってつらそうな声をあげました。

今度は歯も舌もつかわず、挟んだ唇だけに力を込め、口中に唾液をまみれさせて大きくディープスロートしました。田辺さんも大きな嬌声はあげず、不規則な深呼吸をしていました。

口を離すとき、鈴割れにまたチュッとキスをしました。

「田辺さんのオチ○チン、私のお口以外のところとも相性がいいのかしら？　なんだか試してみたくなっちゃった……」

次にどうするのか、双方なんとなくわかっているのに、私はワザと煽情的なもったいをつけて言いました。

田辺さんの視線は、白衣の上から露骨に私のおへその下あたりに向いていました。

ベッドから降りると、田辺さんの顔の近くまでを時間をかけて進みました。

「私、何色のパンティはいてるか、わかる？」

個室なのに私は声をひそめて訊きました。

「……赤。さっき透けてたから」

「うふふ、確かめてみる？」

田辺さんは反射的に身を乗り出し、両手を差し出してきましたが、包帯と添え木に守られた両手を見て、やっとそれが無理なことに気づいたようでした。

「その手じゃどうしようもないわね。治るまで気長に待つことになるのかしら？」

「そんな……！」

吹き出しそうなぐらいわかりやすい「お預けを食った子犬」の表情でした。

「うふふふ、仕方ないわね」

私は白衣のすそをつかみ、ゆっくりとめくり上げました。

（これ、邪魔ね。最初から脱いでおけばよかったわ）

院内規定の白いストッキングを、ナースセンターを出たあとに脱いでおけばよかったと思いました（いつもこうした小さな反省点があるのですが、次の「獲物」を楽しむための考察にもなります）。

ふとももの大半を田辺さんの目にさらしたところでちょっと動きをとめ、焦らしてみました。また田辺さんは邪推したくなるぐらいゴクリとのどを鳴らしました。

「ほら、正解よ。赤のパンティ」

白衣のすそを両手ですっかりめくり上げました。

「脱がせたいけどできない。そんな顔ね」

「…………」

「じゃあ、恥ずかしいけど自分で脱ぐわ。こんな白衣や下着ぐらい脱がせられるように、早く治すのよ」

「うんっ！」

けなげな返事にほんとうに吹き出してしまいました。

ボタンをはずし、白衣を観音開きにして脱ぎました。スリップなどは着けておらず、その下は赤いブラジャーだけです。

「おっぱいも見たい」

まるでつらいリハビリをしているかのように、田辺さんの声は上擦っていました。

両手を後ろに回し、バックストラップを解いてブラジャーをはずしました。カップは前に倒れ、重い乳房が現れます。

「うふ、ちょっと恥ずかしいわ」

「……渡瀬さんみたいな歳になっても、やっぱり恥ずかしいの？」

ずいぶん失礼な物言いでしたが、未成年の素直な疑問だと考えると腹も立ちません。包帯に包まれた痛々しい両手が動いていました。手を伸ばして乳房に触れたかったのでしょう。

「渡瀬さん、下も……」

「うふふふ、あせらないの。夜は長いのよ」

時間をかけて田辺さんは「うん」と返事をして、シアワセそうな表情を浮かべました。うつむいてストッキングを脱ぎましたが、その間も田辺さんの視線が突き刺さっているのが痛いほどわかりました。

「パンティを脱ぐ間だけ、目をつぶっててくれない？」

「いやだ。見る」

でしょうね、と思いました。

ゆっくりとパンティを脱ぎました。すでに恥毛は淫蜜に光っており、ちょっと本気で恥ずかしかったのを覚えています。

「ああ、渡瀬さんのアソコ……」

田辺さんは目まで細めてささやくように言いました。

「ねえ、渡瀬さんのアソコにキスしたい……」

ベッドに横になっているので文字どおり見上げるような眼差しで言ってきました。

「でも私は四十一歳なのよ? これまで田辺さんが経験した若い女の子じゃないわ。ちょっとくたびれてグロテスクに見えるかもしれないし。もっと言うと、私は田辺さんのお母様と同い年なのよ」

「お願い……ぼくの顔の上に跨《また》がって……」

田辺さんは私の牽制をまったく聞いていませんでした。

首から下は全裸のまま、ケガをした腕に触れないよう注意しつつ、田辺さんの顔の上に跨りました。

「……裸なのにナースキャップは取らないんだね?」

どこか素の声で田辺さんが訊きました。

患者さんとどんなイケナイことをするときでも、私はナースキャップだけははずしません。そのほうが喜ぶ患者さんが多いのもありましたが、私自身、これは治療の一環という言いわけの拠り所としていたからかもしれません。

「ああ、渡瀬さんの、アソコ……」

「ひあっ……!」

いやらしい低い声が股間から聞こえたかと思うと、性器にヌメッとした快感が走りました。舌を伸ばした田辺さんが、私の性器の割れ目を舐め上げたのです。

「ああ、おいしい……渡瀬さん、もっと、お股を押しつけてきて」

「いいの？　窒息するわよ」

「いいんだ」

わりと無遠慮に、私は上半身の重みを田辺さんの顔に押しつけました。若い男性の力、と言っていいのか、田辺さんは私の体重などものともせず、舌を強く出して私の性器をえぐるように舐めてきました。

「あん……頼もしいわ、田辺さん。あんん……いい気持になってきちゃう」

本能的な動きというのでしょうか、私は田辺さんの顔にこすりつけた顔を、無意識に前後させていました。おかげで田辺さんの端正な顔は私の淫蜜まみれになっていました。

「ああ、うれしいよ……渡瀬さんのこんなところを舐めれるなんて……なんだかそんな日が来るような気が最初からしてたんだ」

私の性器で見え隠れする田辺さんが、そんなことを言いました。

「最初からって？」

「救急車でここに運び込まれたとき、すごく痛くてテンパってたけど、渡瀬さんの顔を見たら、なんか落ち着いたんだ。この人が担当だったらいいなって、すごい痛かったけど思ったんだよ。そしたらそのとおりになって、こんなことに……」

「まあ……なんでそんなふうに思ったの？」

「だってきれいだし、かっこいいじゃん」

直球でそんなことを言われ、年甲斐もなく顔から火が出るほど照れくさかったのを覚えています。それも半強制クンニリングスの最中に……。

「ねえ、渡瀬さん。さっき言ってた、ぼくのチ○ポと渡瀬さんの相性のいいところ、仲よくしたい……」

「私のどこなの？　言ってみて」

「渡瀬さんの……オマ○コ」

やはりダイレクトに言われて、私は片頬に手を当てるという、我ながら似合わない仕草をしてしまいました。触れた自分の頬がとても熱くなっていました。

「しょうがないわね。でもいい？　これは治療の一環なの。田辺さんの両手が早く治るようにね」

「うん。早く治って渡瀬さんのパンティを脱がせたり、腰をとってエッチをできるようにするためだよね」

看護師の権威をにじませたつもりでしたが、当の田辺さんに混ぜっ返されてしまいました。

「両手を広げてて。飛行機みたいに。腕に障《さわ》るから、ナースのおばさんに任せなさい」

「うん……」

不安と不満のこもった声でした。同級生や下級生としか性経験がないので、ベッドの上で女性に主導権をとられることに慣れていないからでしょう。

田辺さんの腰の上で、ゆっくり腰を落としつつ、硬くなったペニスを立てて、自分の性器に向けました。

「あああぁ……渡瀬さんの中、あったかい……」

「んんんっ、んんんっ！　硬いっ……硬いわ、田辺さんのオチ○チン……！」

弛緩《しかん》したような田辺さんの声とは対照的に、私の声は自分でもわかるほど緊迫していました。太さや大きさはまだ不十分でしたが、まるでスチールの棒が入っているかのように硬かったのです。

ズンッと腰を落とすと、田辺さんのペニスは完全に私の中に埋没しました。

「うんんっ、たっ……頼もしいのね」

「渡瀬さんの中、すごく気持ちいい。なんだかすごく安心する……」

寒空の中、母親に抱かれた乳幼児のような表情でした。

「私の中で、出したい？」

「うん！　渡瀬さんの中で、濃いのを出したい！」

下半身が熱を持ち、もう失笑することもできませんでした。

ゆっくりと上半身を前後させました。とたんに田辺さんはあごを出しました。

「ああんっ、硬いから、私のどこを動いてるのか、はっきりわかる……」

「ぼくも、自分が動かないのに、こんなに気持ちいいのは初めてです……」

最初田辺さんはうっとりと夢見るような表情だったのに、次第に眉根が寄り、顔も紅潮してきました。

「渡瀬さん、もっと速くできないかな……」

「できるけど、もう出しちゃうの？」

問答しながら、私は言われたように上半身の前後運動を速めていきました。

「うん、まずは最初の一発目を出さないと、落ち着かない」

「うふふ、ほんとに頼もしい……」

田辺さんの胸に両手を置き、私は腰の動きを最速にしました。ベッドはギシギシと音を立てていました。さまざまな介護機能のついた医療用ベッドですが、セックスの振幅運動を前提に作られてはいないのです。

「あああ、渡瀬さんっ、出るっ！」

「んあっ、来てるわっ！　田辺さんの、熱いのがっ……！」

若い精液が私の中に満ちていくのを実感しました。

「……ヘンだな。ケガをしてるのに、こんなに興奮した射精は初めてだよ。ありがとう、渡瀬さん……でも、まだ始まったばかりだよ」

「まあ、怖い子。ほんとに頼もしいわね、田辺さん」

私は笑いつつ、精液が洩れないように膣を締めながら、まずは結合を解《と》きました。

（あと退院まで何回田辺さんとできるかしら……）

ストレスの多い看護師にとってせめてもの役得として、夜の巡回はやめられそうにありません。

不倫サークルで知り合った年上男性とのめくるめく交わりで初めて女の悦びを知り

高橋悦子　主婦・四十八歳

私が彼と不倫するようになったきっかけは、主婦友に誘われた「不倫サークル」がきっかけででした。

最初はそんな非常識なサークルあるはずない、ただの冗談だと思っていました。けれど私を誘ってきた彼女は私より年上の五十歳だというのに全然そうは見えないほど若々しくて、それに着ているものもおしゃれなのです。

だから思わず「それ、冗談なんでしょう？」と返してしまいました。けれどそのサークルに参加している同じ主婦友だちの面々を見ていると、けっしてふしだらな印象の奥さまたちではありませんし、中には高級住宅地にお住まいの方までいらっしゃるというのですから驚きました。

「そんなに深刻に考えないでちょうだいな、悦子《えつこ》さん。なんて言うのかしら、ほら、主婦ってどうしても世界が狭くなりがちでしょう。だから、もっと幅広いコミュニティに参加して、交友の幅を広げようっていうのが会の主旨なのよ」

それならまあ、単に趣味のサークルの延長のようなものであって、それは中には魔がさして不倫の一つもしてしまう奥さまもいるかもしれない。彼女はきっとそういうことを言っているのだろうと私は考え直し、一度くらいならということでそのサークルの会合に参加することにしたのです。

そうは言っても、相手もお勤めの人が多いので、会合は週末の夕方から、某高級ホテルのバーを貸切とのこと。ふだんはそんなところに行ったことがないので少し不安だったのですが、「何事も経験よ」という言葉に背中を押されました。

待ち合わせ場所に集まった奥さまは、見知った顔も、そうでない方もいました。でもみんな一様に垢ぬけていて、なんだか生きいきしているのが印象的でした。これが交友を広げた結果なのでしょうか。

(そう言えば、○○の奥さまが参加してるって聞いたら、うちの主人も何の疑問も抱かずに行っていいと言ってくれたのよね)

ほんの少しだけ後ろめたさを感じつつ、私は一行とともに男性メンバーの待つバーに向かいました。

そこはほんとうに街の雑踏からは隔絶された、あらゆるところに一流のセンスを感じさせる素敵な場所でした。そして私たちを待っていたのも、みんな品のよい、立派な感じの男性たちばかりだったのです。

正直、人見知りで社交性の低い私は、そのメンバーに気圧《けお》されて、なかなか会話の輪にも溶け込めずにいました。すると、一人の男性がそんな私を気遣って、しきりに話題を振ってくれるので、次第に私もメンバーに打ち解《と》けることができました。

（これが、交友範囲を広げるということなのかしら。でも、思っていたよりずっといい雰囲気だわ）

今日初参加の私もいるということで、男性メンバーは入れ替わり立ち替わり、私のところに来て自己紹介をしてくれました。けれど、やはりサークル内に特に親しい相手がいるのか、しばらくするとその人たちは、特定の奥さまと二人で離れた席に座り、おしゃべりを楽しんでいるようでした。

（けど……何か変）

私がそう思ったのは、ある個室でおしゃべりしていた二人がいつの間にかいなくなっていたことでした。親しい主婦友に尋ねてみると、「あぁ、あの二人ならフェードアウトしたのね」とあっさり言うので、私は驚いてしまいました。

あらためてサークルの会場になっている広いバーの中を見ると、どう見ても最初に集まった人数よりも少ないのがわかります。

つまり、何人かは男女ペアのカップルになってこの会場を後にしたということになります。彼らがいまどこで何をしているかは、容易に想像できます。

(まさか、不倫サークルってほんとうにそういうものだったの?)

それまでの私は人づきあいが苦手で、いまの夫とは見合い結婚です。

結婚してからは育児に追われ、子どもが上京したいまとなっては夫と二人きりの生活を送っています。正直言って何の刺激もない、退屈な日々を過ごす毎日ですが、平穏な暮らしとはそういうものだと思ってきました。

まして、浮気や不倫をしたいなんて思ったこともありません。

「そんなに深く考えなくていいんじゃないかしら。悦子さん、まだお若くてきれいなんだし。小山内《おさない》さんもそう思わないこと?」

小山内と呼ばれた男性は、少しはにかんだ笑みを浮かべ、うなずきました。

彼には特定の相手がいないのか、場に慣れない私にも親しげに話しかけてくれていました。

彼はそれまで私の知っているどの男性とも違い、気負ったところのまったくない穏やかな男性に思えました。なのに自然に会話を振ってきたり、私のつまらない話をおもしろがって聞いてくれるのだなと感じていました。

「ねえ、悦子さん。小山内さんのことをどう思う？　向こうはずいぶんあなたのこと気に入っているみたいだけど」

「ど、どう思うってそんなの」

もしこれで私が彼に好意を抱いてしまったら、私と彼が不倫関係になるということなのでしょうか。しかし彼女は「なら最初は食事の約束でも取りつければいいんじゃないかしら」と、私が止める間もなく彼に話しかけにいったのです。

こうして、私と小山内さんは次の週末に食事に行く約束をしてしまいました。今度は主婦友だちとではなく、夫以外の男性と二人きりの食事です。もちろん彼とそういう関係になりたいとまでは思っていませんでした。

最初は緊張していた私を、彼は優しくエスコートしてくれました。私のような平凡なただの主婦相手にはもったいないような気の配りようです。しかもそれがまったく押しつけがましくないのです。

小山内尚吾《しょうご》さんは五十三歳のバツイチで、お子さんはいるそうなのですがみな独立して、気ままな独身ライフを楽しんでいるということでした。

確かにどこか飄々としたところがあり、それでいて年齢相応の落ち着きのある男性です。おしゃべりじょうずで無理におどけるわけでもなく、二人きりの彼とのおしゃべりもとても弾みました。

「悦子さんさえよかったら、また二人で食事にでも行きませんか。美味い魚を出す店があるんですよ」

彼は若い男性と違ってガツガツしたところなどなく、最初は食事からということで私は彼と何度かデートを重ねました。最初は感じていた夫への罪悪感も、彼とのデートが楽しくなってくると徐々に薄れていきました。

もしかしたら、そのころから私は彼と不倫関係になることを無意識に望んでいたのかもしれません。それでもほんとうに体の関係に踏み込んでしまうことは、やはりためらわれるものがありました。

(それにしても、こんなまじめそうな男性が不倫サークルに入ってるだなんて)

あれ以来、主婦友の不倫サークルには二、三度顔を出したきりでした。最初に誘ってくれた奥様とはたまにおしゃべりをして、小山内さんとの仲を聞かれたりするのですが、そのときはまだいっしょに食事に行くくらいにとどめていたので、「いいお友だちとしておつきあいしてますよ」とだけ言っていました。

彼とキスをしたのは、三度目のデートのときです。

私は彼のお勧めの海鮮居酒屋で地酒をいただき、少し大胆になっていました。もともとお酒には強いほうではないのに、その夜の私は、やけに解放的になっていました。

(どうしてこんな素敵な人が、私みたいな地味な人妻につきあってくれているのかしら。小山内さんなら、いくらでもいいお相手が見つかりそうなものなのに)

夜風に当たろうと店を出て、少し歩いているうちに、彼の腕が自然と私のほうに回されました。

そんな彼に私も無意識に身を預け、軽くよりかかっていると、おもむろに彼の顔が近づいてきて、唇を奪われました。

結婚して以来、夫以外の男性とのキス……そのキスも情熱的でありながら乱暴ではなく、私はこの人となら不倫してもいいかも、と思うようになりました。

ただ、実際に彼とホテルに行ったのはその次の次のデートのとき。前回は少し酔っていたこともあり、その日は私もお酒を控え目にしつつ、初めての不倫セックスへの期待を高めていました。

「あの、今日明日は夫は泊りがけのゴルフで帰ってこないんです。だから、私今日は遅くなっても平気で……」

いざ不倫に足を踏み入れるのは、やはり勇気がいりました。でも彼はその言葉で私の望んでいることを察してくれました。そこからは二人とも少し無言になって、黙ってホテル街に行って、ホテルに入りました。

「悦子さんのような美しい人とほんとうにこんなところに来られるなんて、それだけでも感激ですよ」

ホテルで二人きりになると、彼はそっと私を抱き締め、唇から耳の裏、そして首筋に舌を這わせてきます。

ちゅっ、ちゅっと湿った音が耳をくすぐり、いよいよ自分がほんとうに不倫してしまうんだと実感しました。

その日、私はあまり目立たないおとなしめのスーツを着ていました。彼の手が優しく私の服を脱がし、ブラウスの前をはだけると、彼は乳房の谷間に唇を近づけてきて、熱い吐息を吹きかけてきました。たったそれだけで体の芯が熱くなっていくのが自分でもわかります。

我ながらいい年をして恥ずかしいと少し思いましたが、ブラをはずされ、スカートの上から腰や太ももをなでられると、もっとしてほしいと思いました。

「悦子さん、ほんとうにいいんだね？」

「小山内さん……」

彼の真剣な眼差しに頬が熱くなってしまいます。ほんの一瞬だけ、夫の顔が脳裏をよぎりましたが、私は罪悪感よりも目の前の男性に抱かれることに集中したいと思いました。

自分勝手なのはわかっていましたが、夫のこと、子どものことより自分の欲望を優先したかったのです。私は自分でスカートのホックをはずし、パンストも脱いでショーツだけの姿になりました。

「きれいだよ、悦子さん。とってもきれいだ」

彼はいつもどおりの優しく真剣な顔で私に微笑みかけ、ショーツの上から私の股間に手を当ててきました。指をくにくにと曲げ、下着の上からアソコを刺激されると、思わず「あっ」と声が洩れてしまいました。

「乱暴なことは絶対しないからね、悦子さんもリラックスして」

「あ、あの、部屋の電気を少し暗くして」

部屋の中を少し薄暗くすると、彼もするすると服を脱ぎ、下着姿になりました。その股間は驚くほど盛り上がっていて、彼が私の裸を見て興奮してくれているのだと思うと、うれしくてたまりませんでした。

「どうぞ小山内さんのしたいようになさってください」

彼はうなずき、私にのしかかってきました。乳首に舌を這わせ、右手はやはり股間をいじってきます。その舌遣いや手つきもほんとうに優しくて、彼が私のことを気遣ってくれているんだとよくわかりました。

そういえば、と私は夫との夫婦生活のことを思い出していました。

新婚のころと違い、夫とのセックスはどこか義務的というか、こんなふうに優しくされたのはもう何年ぶりでしょう。

これはただの不倫、本当はいけないことだとわかっています。彼も私の体が目当てでこんなに優しくしてくれるだけかもしれない。でもいまは彼の優しさを信じて、身をまかせようと思いました。

「あぁ、もうこんなに湿ってきたよ」

下着の脇から指がもぐり込んできて、私の肉の重なった部分を軽くかき回します。すると「ぴちゃ、くちゅっ」と濡れた音が響いて、私はまた頬が熱くなるのを感じました。私は本来あまり濡れにくい体質らしく、夫とのセックスでも、時にはローションを使わないと痛いほどだったのです。

「うれしいよ、ぼくの指で感じてくれているんだね」

そう言って左右の乳首を舌で転がしながら、さっきより深い部分にまで指を差し入れてきます。私もはっきり、体の奥から熱いものが溢れてきていることに気づいていました。

(ほんとうに、こんなに濡れてるなんて)

確かに自分の体には、何か変調が生じているように思い、このまま彼に身をまかせて大丈夫だろうかとふと思いました。でもそれは、彼に身を委《ゆだ》ねると、もっとすごいことが起こるかもしれないという予感でもありました。

だからこそ、こんなにも自分のアソコは濡れている、そんな気がしました。これが不倫の悦び、不倫セックスの快感なんだろうか。私は主婦友の誘いに乗って、不倫サークルに参加したことを、そして小山内さんと出会えたことをほんとうによかったと思いました。

(それなら私だけじゃなく、小山内さんにも気持ちよくなってほしい)

あの勃起したものを私の中に入れて、うんと感じてほしい。そして私と不倫したことを喜んでほしい。

「小山内さん、私、あなたのが欲しいです」

私の言葉に彼はこくりとうなずき、最後に残った一枚も脱いで全裸になりました。

部屋の薄暗い照明でもはっきりわかるほどに、股間のアレは大きく反り返っていました。

いよいよあの大きなものを体の中に入れられるんだと思うと、期待と不安が高鳴ってしまいます。

「いくよ、悦子さん」

ゆっくりと股間に近づいてくるそれを、私がじっと見つめました。あまりに反り返っているため、彼が手で押し下げないと挿入できないほど。それでも亀頭がそこに触れると「くちゅっ……」という音とともに、彼がずぶずぶと私のそこを貫いていきました。

「あぁっ、おっきい！」

それは見た目の印象よりずっと大きく感じました。たしかに私のそこは十分すぎるほど濡れていたのですが、それでも内側から肉を押し広げられる感じに、私は首をそらして悶《もだ》えてしまったのです。

自分でもはしたないとはわかっているのですが、挿入されただけで私は軽い絶頂に達していました。しかしまだ全部入りきっていないのでしょう、彼はぐぐっとさらに体重をかけ、信じられない膣奥まで自分自身をねじ込んできました。

（だめ、頭、ヘンになっちゃう）

しかし、そんな言葉ももはや口から出てきません。私はただ彼の巨大なペニスをねじ込まれ、為《な》す術《すべ》もなく喘ぎ悶えることしかできませんでした。

むろん、そんなときでも小山内さんはけっして乱暴な動きはしません。でも歯を食いしばっているその顔は、明らかに私の中が気持ちよくて、腰がどうしても動いてしまっていたんだと思います。

ああ、私のアソコで気持ちよくなってくれているんだ。ずんずんと膣の奥の奥を突かれながら、私は強い幸福感を感じ、彼に抱きついてしまいました。

「小山内さん、もっと、もっと激しく私を愛して」

かろうじてその言葉を絞り出すと、私の足は自然と持ち上がり、彼の腰に絡みついていました。そうすると二人の密着度が上がり、より深いところで彼を感じ、私は悦びに打ち震えていました。

「あぁ、すごいのっ、これすごいっ。私、わたしもう、もうイクぅううっ」

彼の体温、そして心臓の鼓動まで聞こえそうな密着感に、私はもう我を忘れていました。自分でもなにを口走っていたのか、よく覚えていませんが、とにかくいままで味わったことのない快感を味わっていました。

気がつけば、私はほんの少し意識が飛んでいたようです。ぼんやりと目を開けると、心配そうに私を見つける彼の顔がありました。

「大丈夫かい、悦子さん。ごめんよ、少し無茶をしすぎてしまったようだ。ほんとうに悪かったね」

彼のものはまだ私の中で硬く大きくふくらんでいます。どうやら私が失神してしまったため、動かずにいてくれたようです。私は目尻にうっすら涙を浮かべ、小さく首を横に振りました。

「いいんです、私、すごくうれしくて……こんなに気持ちよくなったのは、生まれて初めてかもしれません」

その言葉に彼は何か思い当たることがあるようでした。そして「プライベートなことで申し訳ないけれど」と、私と夫の夜の生活のことを訪ねてきたのです。私は少し恥ずかしさも感じつつ、夫とのセックスをなるべく詳しく説明しました。

すると彼は、私がさっき感じたのは本当のアクメではないかと言うのです。

「もしそうだったらぼくもうれしい。キミをそんなに喜ばせたんだから」

私は彼の首に腕を回し、唇を重ねました。ただの口づけなのに、こんなに心が安らぐなんて、信じられません。さっきのあの快感が絶頂だというのなら、私はこれまで女の本当の悦びを知らなかったということになります。

それを教えてくれた彼に対して、感謝の気持ちがわき上がり、私は自分から腰を揺らし、彼のモノを深く咥え込みました。だって彼のものはまだ私の中で硬いままなのですから。

彼は「ほんとうに大丈夫かい？」と何度も念を押してから、やがてゆっくりと腰を振りはじめました。さっきみたいな激しい動きじゃないけれど、それだけにはっきりと彼の物の形や大きさ、そして熱や震える様などが伝わってくるような気がしました。

「はい、もっと大きく動いてくれて構いません」

そう言って彼に抱きつくと、彼も我慢できなくなったのか、大きな動きで私の中をかき回しはじめました。

腰にはまださっきの快感の余韻が残っていますが、私はお腹に力を入れて、彼を強く締めつけました。すると彼も私の髪をなでながら、唇や首筋、そして乳首などを舌で愛撫してくれたのです。

「小山内さん、私の中どうですか、気持ちいいですか？」

「ああ、中はとろとろの蜜だらけだし、最高の締まりだよ。アソコの肉が吸いついてくるみたいだ」

正直、まだつきあって日も浅い男性に「とろとろの蜜」「最高の締まり」「吸いついてくる」などと言われるのは、恥ずかしさもありました。でも彼はお世辞やべんちゃらでそんなことを言う人ではありません。きっとほんとうに私の体で気持ちよくなってくれているのでしょう。

私自身、さっきよりも愛液の分泌が激しいのか、肉と肉のこすれる感じがたまらなく気持ちいいのです。

（いけない、これじゃまた私だけがイッちゃう）

お腹の奥からこみ上げてくる快感をぐっとこらえ、私はアソコに力を入れて彼を締めつけます。すると彼も射精をこらえているのか、私の乳房や首筋を執拗《しつよう》に責めてくるのです。

「そんなにされたら、私だけ先にイッちゃう」

「いいよ、何回だってイカせてあげるよ。ぼくは悦子さんの乱れよがる姿がもっと見たいんだ」

「そんなっ、恥ずかしいっ」

このとき、彼は避妊具をつけていませんでしたが、私はそんなことちっとも気になりませんでした。この年齢だから最低限の避妊は心得ていますし、万が一彼の子を孕《はら》

んでしまってもかまわないとさえ思ったんです
それより、いまは彼のペニスを存分に味わいたい。彼の溢れ出る欲望でイカされたい、そのことが私にとって重要だったのです。何度もイキそうになった私は髪を振り乱し、恥ずかしい姿をもろに見られてしまいました。それでも彼にそんな姿を見られているというだけで、快感は増していく一方なんです。

あそこからの恥ずかしいおつゆはますます溢れてきて、彼が突き入れるたびに「ぴちゅっ、くちゅっ」と大きな音が部屋中に響きます。

「膣の中が痙攣して、たまらない！　もう限界だ、出すよ！　ど、どこに出してほしいんだい」

「中に……中に出して！　私のこと、あなたの精液で染めて」

それを聞いた彼は、さすがにぎょっとした顔になりました。おそらく射精する寸前に抜いて、外に出すつもりだったのでしょう。でも私は涙目で彼を見上げ、「中に、中に」と何度も言いました。

すると彼も私の本気がわかったのでしょう、ちゅっと私に口づけをすると、一気に腰の動きが激しさを増しました。

「イク、私またイッちゃう！　お願い、いっしょに、いっしょに」

ずしっと大きな衝撃が私の腰を揺るがし、膣の中で大きくペニスが跳ねました。どくっ、どくっと勢いのついた熱いかたまりが、私の中に吐き出されました。彼の熱い迸りを受け取りながら、私は再びアクメに達したのでした。

その熱さは私の正気を失わさせ、私は全身で彼にしがみつきました。

結局、その夜、彼は私の中に三回も発射し、私はというと、もう何度彼にイカされたのかもわからないほどでした。お互いくたくたになりながらも、それでも深い満足感にひたりながら、明け方まで抱き合って眠ったのでした。

彼と私との不倫関係は、結局まだ続いています。

主婦友だち、不倫サークルの方々はなんとなく私と小山内さんの関係に気づいているようですが、特に何も言ってきたりはしません。それはもちろん、自分たちにも多少とも後ろめたいところがあるからかもしれません。

私はというと、夫に対して前よりほんの少しだけ、優しい気持ちになれたような気がします。自分でも不思議なのですが、「この人とのセックスでは、自分はアクメできないんだな」ということがはっきりわかったので、それだけ気が楽になったのかもしれません。

配偶者としての夫には不満はありませんし、たとえ夜の生活で私を満足させてくれなくても、これまで私を支えてくれたのは夫であり、それをいまさら壊す気はないからです。

ただ、あの目のくらむような衝撃、絶頂の快感を知ってしまうと小山内さんと別れることはどうしてもできませんでした。

ふだんの生活は夫を立て、体の快感は彼に与えてもらう。そうすることでどちらも丸く収まるのだから、それでいいんだといまは自分にそう言い聞かせています。そういう意味では、私は小山内さんとのセックスを楽しんではいても、本当の意味では彼を愛していないのかもしれません。

けれど、たとえ肉体的な快感であっても、これをいまさら手放すなんて無理です。これからも彼との不倫を続け、うんと気持ちのいいセックス、アクメを感じていきたいと思っているのです。

第二章 牡との熱い交接を待ちわびる女芯

おじさまたちとの不倫セックスの刺激を求め取引先の男性を食いまくる人妻受付嬢

里中順子　会社受付・三十四歳

受付嬢になって八年になります。

いつの間にか二十代の娘たちに囲まれて、すっかり古株になってしまいましたが、得意先からのウケもよく、現場責任者として新人教育も任されているので、会社からは重宝されています。もともと人と接するのが大好きな私にとって、この仕事は天職と言えるかもしれません。

夫からは、「もういい年だから、そろそろ辞めて子作りに専念しないか」なんて言われていますが、まだまだ家に閉じこもるのはイヤなんです。

毎日きれいに身なりをととのえて人の視線を意識しているからこそ、年齢よりも若く見られて、美人だねってほめてもらえるのだと思います。それに、長くいるぶんだけ、いろいろな面で好き放題にふるまえるので居心地もよく、なかなか辞められずにいるのです。

ほんとうに好き放題にやりすぎているかもしれません。

実は、訪ねてくる取引先の男性数人と関係を持ってしまっています。それも辞められない理由の一つです。

この仕事は、いやでも多くの男性と出会ってしまうし、どんな相手にも愛想よくふるまうので、入社当時から、しょっちゅういろいろな人に誘われていました。

最初のころは、周囲の先輩方の目も怖くて断りつづけていたのですが、あるとき、好みの男性から誘われてしまい、飲んだあとでホテルに行ったのが始まりです。

ちょうど結婚したばかりのころでした。

夫は、当時もいまも変わらず優しくしてくれていますし、特別不満があるわけではありません。ただ、若いときからそれなりに遊んでいた私は、結婚したことで得た平穏な生活を退屈なものだと感じるようになっていました。ぜいたくなことですが、夫に大切にされればされるほど、籠の鳥になってしまったような窮屈ささえ覚えたのです。

それに、夫以外の男性との「火遊び」や「不倫」という響きが、ものすごく新鮮で刺激的でした。人妻にならなくては味わえない興奮です。

相手は当時から選び放題でしたが、家庭を壊したくはないので慎重に吟味《ぎんみ》していま
す。年上の既婚者で、役職についていて、口が堅そうな人です。
最初は、バレないために、そういう人を選んでいたのですが、だんだんと中年のお
じさまの魅力にもハマってしまいました。
おじさまたちのセックスには余裕があって、バリエーションが豊富でした。焦らさ
れたり、激しく責められたり。いくら夫ががんばってくれても、それほどいろいろな
セックスを試すことはできません。
最初の人は、愛妻家で評判の四十代後半の男性でした。
ホテルに入るなり、立ったままでキスをされ、舌を絡め合ううちに、体が熱くなっ
てアソコが疼いてきました。ブラウスの上から胸をもまれ、スカートの上から腰やお
尻をなでられて、それだけで濡れてしまいました。
すぐにでも、敏感になっている胸やアソコにじかに触れて舐めてもらいたいのに、
なかなか服さえ脱がせてくれませんでした。
ハァハァと息を荒げていると、ようやくスカートの中に手を入れてきて、ショーツ
の上からアソコをなぞってきたのです。
「おや、もう湿ってきたのかい？　きれいな顔して、ずいぶんとはしたないマ○コだ

ね」

濡れすぎて、ショーツの外にもにじみ出てしまっていました。

「新婚なのにこんなに感じるなんて。旦那にかわいがってもらっていないのか？」

言いながら、ワレメに当てた指を突き立ててきました。

かわいがってもらっていないどころか、特に新婚当時は、ほとんど毎晩のように求められていました。そのたびに、何度も何度もイカせてもらっています。それなのに、私の体は別のペニスを欲しがって疼いてしまうのでした。

「さわってあげるからまっすぐ立って。会社の玄関で迎えてくれるときみたいに」

言いながら、ゆっくりとしゃがみこんだ彼は、スカートの中に頭を突っ込んできたのです。ショーツのすき間から入ってきた指先で、ヌルヌルになったヒダを押し広げられると、膝が震えだしてしまいました。

「はうっ、いやぁん、アッ、恥ずかしいっ、そこ、ダメですぅ」

まっすぐに立っていられるはずもありません。腰の力が抜けていき、ムズムズする恥骨を彼の顔に押しつけていました。

「脚もきれいなのに、カウンターに隠れているのがもったいないね」

スカートの中からつぶやきが洩れてきました。脚をなでられるだけでも感じました。

まるで痴漢のようなさわり方で、じりじりと焦らされたのです。たまらなくなって、自分から腰を揺すっていました。

「いやらしい腰つきだね。どうした？　そろそろじかにさわってほしいのかい？」

スカートをまくり上げられて、ショーツを引きずりおろされました。全裸になるよりも恥ずかしい格好でした。

「陰毛までビショビショじゃないか。ほう、お尻も意外と大きいんだなあ」

丸出しになったお尻をなでられ、同時にアソコを舐められました。

勃起したクリトリスをチロチロと舐めつづけられているうちに、気持ちよさのあまり、全身の毛穴が開くような感覚に襲われました。焦らされたぶんだけ、昂《たかぶ》りが一気に噴火しました。

「ムフゥ～ンッ！　はうっ、イク、イクーッ」

立ったまま、クンニだけであっけなくイカされてしまったのです。

上半身が揺れてしまい、壁に手をついて支えました。

「もうイッたのかい？　まだ立っているんだよ、ご褒美をあげるからね」

自然とお尻を突き出す格好になると、お尻の頬を両側にグイッと広げられてしまいました。その日初めて関係を持った相手に、もっとも恥ずかしい部分をさらけ出してしまったのです。けれど、恥ずかしさよりも興奮が勝ったのは、巧みな言葉の愛撫のせいです。

「いい格好だよ。大勢いる君のファンに見せてやりたいね」

そんなふうに言われると、頭の中に、昼間接した男たちの顔が次々と浮かんできました。その男たちが、かわるがわる丸出しにしたお尻に硬いペニスを突き立ててきたらと、そんな想像をしていると、股間がヒクッ！　と痙攣しました。

「ぼくが初めてというのが本当なら光栄だ。この、制服の中身を、みんな想像してる」

彼はそう言いながら、夜になって髭の伸びはじめている頬を、お尻にこすりつけてきました。チクチク刺さる刺激がたまりませんでした。

「壁に手を突いたまま、もっと尻を出して。いつもお辞儀するだろ、あの角度だよ」

気持ちが昂り、彼の言いなりになっていました。研修で、みっちり教え込まれたお辞儀をするときのように前屈みになると、彼は勢いよくその裂け目に顔を埋《うず》めてきました。

ザラザラした舌が、クリトリスとワレメだけでなく、アナルにまで這い回ってきたのです。腰を振って喘いでしまいました。

腰をくねらせるたびに、彼の指先が尻たぶに食い込んできました。

「遠慮せず、もっと感じていいんだよ、ここか？　ここがいいんだね」

いつも、パリッとしたスーツを着こなしているクールなおじさまとは思えない荒々しさで責め立ててきました。

「はうっ、ううん！　ハァ、ンハァ、ア、アアッ、そこ、全部感じるぅ！」

再びイキそうになって背中を反らした瞬間、立ち上がった彼に背後から抱きつかれていました。硬いモノをズブズブッ！　とねじ込まれたのです。

「アーッ！　いや、いや、待って、ハッアン！　あうっ！　い、イクーン！」

予告もなく、おまけに立ったままで挿入されたのは初めてでした。髪も衣服も、ぐちゃぐちゃに乱れていて、犯されているような気分でした。

夫との穏やかなセックスもよいのですが、不倫で知ったセックスの快感は、まったく質の違うもので、私の体はその味を忘れられなくなってしまったのです。

彼とは、もちろんその後も職場で顔を合わせましたが、何ごともなかったかのように、ふだんどおりのスマートな態度を崩さない様子に、大人の魅力を感じました。

そんな澄ました彼の顔を見ていると、焦らされているときと同じような気分になって、受付カウンターの中でアソコを濡らしてしまうこともあったほどです。

周囲の受付嬢に気づかれないように注意しながら、お尻を突き出して振って見せたりしました。すると彼のほうからも「君の体が忘れられないよ」なんてメールを送ってきましたが、互いに家庭も立場もあるので、落ち合うのは簡単なことではありませんでした。

そんな欲求不満のせいでしょうか。だんだんと、ほかの男性と対面したときにも、いやらしい想像をしてしまうようになっていったのです。

名刺を差し出されたときの指先を見て、その指でアソコをいじられることを考えてしまったり、糊のきいたズボンの股間のふくらみを見つめてしまったりしました。

やがて、彼と会うのを待つ間に、我慢できなくなって別の人と関係を持ってしまったのです。

次の人は、定期的に地方からやってくる五十代のお客様でした。

いつも部下を従えて、怖い顔をしているので、まさか手をつけるとは思ってもみなかったのですが、その日は珍しくお一人だったのです。

部長への面会があるとのことで、言われていたとおりに会議室へご案内しました。

お茶を出しながら、二人きりの会議室で、淫らな妄想が頭を駆け巡ってしまいました。この場所で押し倒されたらどんなにいいかしらとか、こんな強面《こわもて》の人はどんなエッチをするんだろう、なんて考えながら、自然に体を寄せていました。

振り向いた彼の肘が偶然乳房に触れたとき、下腹部がじわんと疼きました。

彼はとっさに謝ってくれましたが、胸元を見つめてきた視線を逃しませんでした。

「こちらこそ失礼いたしました」と謝りながら、深々とお辞儀をする振りで、谷間を見せつけたのです。Eカップの乳房は、ぴっちりとしたシャツとベストの中に押し込まれていましたが、深くお辞儀をすると、谷間がチラッと見えるのを知っていたのです。

「お茶がこぼれていませんか」と、さらに体を寄せてハンカチでスーツをぬぐってあげると、初めて打ち解けた様子を見せた彼と会話が弾みました。

「お一人なんて、珍しいですね」

「うむ、今夜は一人でさびしい夕食さ。そうだ、どこかいい店、教えてくれないかな」

こちらの出方をうかがっている聞き方でした。

「お勧めのお店があるのですが。わかりにくいので、ご案内いたしましょうか」

この機会を逃すものかと思いました。

その夜、食事を終えてそのまま彼の宿泊先のホテルについていってしまいました。

抱きついてきた彼は、強面の見た目とは裏腹に、うっとりするほど優しい手つきで髪をなでながらキスをしてくれました。

「君とこうしているなんて、夢みたいだ。でも最近、年のせいか自信がなくてね」

仕事中の、自信に溢れた姿を知っているだけに、そんなことを気にしている様子がかわいくて、よけいにムラムラしました。

「お気になさらずに。ダメなら私のせいですわ。さわっていいですか?」

そう言いながら彼の股間に手を這わせてみると、ムクッと反応しました。

むしろ、柔らかみの残るペニスに触れる機会などほとんどない私にしてみれば、それさえも新鮮で卑猥でした。口の中でその感触を味わってみたくなり、ゆっくりと彼の足元に跪《ひざまず》いてファスナーをおろしました。

白髪の混じった陰毛のすき間から、黒光りしたペニスが現れました。きゅっと握り締めると、手のひらの中で一回り大きくふくらんできました。

「すごく大きくなってるじゃないですか。うれしい、食べちゃいたい」

汗の匂いと加齢臭が混じった股間に顔を寄せて、口の中に含みました。

「うっ、ああ、気持ちいいよ。でも待って、シャワーを浴びないと。あうう」

彼は気を遣って言ってくれましたが、せっかく勃起しているのに、そんなふうにお行儀よく準備していたら萎《な》えてしまうのでは、と心配になりました。

「イヤン、このままで。男性の、ナマの匂いが好きなんです。ハァ、おいしい」

口の中で硬さを増してくるペニスを吸ったり、ペロペロ舐めたりしながら上目づかいで見上げると、彼は両手で私の頭や頬をなでながら見つめ返してきました。

「すごくおいしそうに舐めてくれるんだね。こんなに硬くなったのは久しぶりだよ」

興奮気味に上ずった声で言う彼は、すっかり自信を取り戻したようでした。目尻を下げて、ふだんの怖い顔からは想像もつかないくらいニヤついていました。

「尺八がじょうずだね。イッてしまいそうだ。待って、ぼくにも舐めさせて」

血管が浮き上がるほど反り返ったペニスを口から引き抜かれ、今度は私が、一人がけのソファに座らされました。

衣服を一枚一枚剝ぎ取られ、全裸にされました。

「こりゃすごい、服の上から見るより巨乳だねえ。吸ってもいいかい？」

うなずくと、大きな手でムギュッともまれ、コリッとすぼまった乳首を吸われました。

「フゥ～ンッ！　ハッ、ハッ、気持ちいいです、乳首弱いんですぅ」

悶《もだ》えて体をくねらせると、彼はいっそう激しく顔を押しつけてきました。チュパチュパと音を立てながら、うれしそうに乳房に吸いついてくる顔を見おろして、下半身を突き出していました。

彼は、私の催促にすぐに気づいて、指先で股間をまさぐってきました。

「わぁ、こんなに濡れてくれているなんて、うれしいよ！　ここも舐めさせておくれ」

両膝をつかまれて、脚を高く持ち上げられると、M字開脚の格好になりました。恥ずかしいのに、舐めてほしい一心で、自分の手で膝を抱えていました。

「これが、いつも受付にいる娘のオマ◯コか！　ぱっくり割れていやらしいな」

彼は、広げた太ももの間に顔を寄せて、陰部と顔とを交互に見つめてきました。

「いやぁん。実は、会議室でぶつかったときから、感じちゃって……」

訴えるようにささやくと、にやけた目尻をさらに下げて、うれしそうにワレメをなで回してきました。

「そうかい、そうかい、いい子だね。よしよし、いくらでも舐めてあげるよ！」

ねちっこく這い回ってくる舌で、延々とクンニをされつづけました。万が一、途中で萎えてしまったときのために、私に満足を与えようとしていたのです。

何度も昇りつめて、そのたびに震えてしびれても、しつこく舐められていると、すぐにまた新しい快感に襲われました。昂ってくると、彼の頭を太ももで挟みました。するとそれにこたえるように、いっそう激しく舌を動かしてくるのです。

「ウッハァン！　ゾクゾクするぅ、ああっ！　オマ◯コが壊れちゃう〜ん！」

股間に頭を埋《うず》めて、忙しく舌を動かしつづけるその姿から、いつもの威厳は消え失せていました。私がイクことに悦びを感じてアソコを舐めつづける彼は、止めてと言うまで従順に奉仕を続ける下僕のようでした。スーツ姿とのギャップが大きければ大きいほど、激しく興奮しました。

「うれしいよ、君の感じている顔をもっと見せておくれ。かわいいオマ○コだねえ!」

「もう、ダメ、我慢できない。お願い、入れてぇ〜!」

ねだると、お姫様抱っこをされて、ベッドに寝かされました。

彼のモノはきっちりと硬さを維持していて、陰部をこすり合わせると同時に、ニュルッとすべり込んできました。

「ハァ〜ッ! すごく大きくて気持ちイイ。好き、このおち○ちんが好きよ!」

必死の形相で腰を振り立ててくる彼の肩にしがみつき、汗まみれになっている広いひたいにキスをしていました。自分を悦ばせるためにそこまで汗をかいてくれたと思うと愛おしくてたまりませんでした。

「うれしいよ、そうか、これがそんなにいいのかい! このオマ○コはぼくのものだね!」

「そうよ、もう、ほかの人のじゃ満足できない! アハン! もっと奥まで引っかいてぇ」

たっぷり時間をかけて前戯をしたせいなのか、彼との相性は、抜群によかったのです。自信をみなぎらせたペニスは、ワレメの奥のカーブにぴったりと沿うように深くまで侵入してきました。キュウキュウと締め上げると、それに反応したペニスがいちだんと大きくふくらんできました。

「はぁ、こんなに興奮したのは何年ぶりだろう、もう出ちゃいそうだよ！」

それまで中出しは夫にしか許していませんでしたが、興奮のあまり、どうしても中に欲しくなりました。

「抜いちゃイヤッ、出して！　お腹の中にいっぱい出して、お願い、アッアア！」

ドバッと噴き出た精液を子宮に浴びた感覚を得て、達していました。

翌週、彼はまた一人で会社を訪問してきました。

アポなしだったので、部長は不在だったのですが、その旨を告げるとニヤッと笑みを浮かべました。彼の目的はわかっていましたが、周囲に怪しまれないように、実際に部長に連絡せざるをえませんでした。

「連絡が取れましたので、三十分ほどお待ちいただけますか」

そう言って会議室にご案内すると、すぐに、クンニさせてくれとせがまれました。

「突然押しかけてすまない。ああ、でもダメなんだ。次の機会まで待てなくて」

抱きつかれて、胸やお尻をまさぐられました。手にこもっている熱に、思いつめている彼のあせりが感じられました。下手な若者よりも、昭和生まれのおじさまのほうが一途で純粋なのかもしれません。

「誰か来たらたいへん。じゃあ、少しだけよ」

椅子に座って、ストッキングとショーツを膝までおろしました。脚を大きく広げると、うれしそうに頭をもぐり込ませてきました。

ドキドキしましたが、そのスリルがたまらず、廊下の足音に耳をすませながら、べっとり濡れてしまいました。

「あ、ああっ！　もうこれ以上はダメ、戻らないと。気づかれちゃうわ」

その夜は夫と約束があったので、急に来られても、時間を取ることができませんでした。けれども、思いつめてはるばる遠くからやってきたのに、と思うとかわいそうになって、私もその場で大急ぎのフェラをしてあげました。

「すごい！　もうこんなに大きくなってる。浮気しちゃイヤよ、私のお口に出して」

ドクドクと溢れ出た精液が、スーツや制服についてしまわないように、一滴残らず飲み干しました。もちろんもっと続けていたかったですが、必死で欲情を抑えました。

口紅を塗り直し、受付カウンターに戻ったのです。

受付カウンターに戻ると、中途半端に愛撫されてしまった股間がムズムズして困りましたが、その夜は、いつも以上に夫にねだって慰《なぐさ》めてもらいました。

彼とはいまも続いていて、私を悦ばせようと、毎回、何種類もの精力剤を試しているようです。そんな物に頼る必要はないと思うのですが、私を悦ばせるのが生き甲斐のようになっているらしいのです。長く続いていても飽きが来ないのは、互いに家庭があるからなのかもしれません。

先に熱を上げたのは向こうですが、いまとなっては私の体のほうが離れられなくなっています。彼は、夫以上に、私の性感帯を知り尽くしているのです。

二人のおじさまと関係を持ったあと、自制心がどんどん利かなくなって、次の人、また次の人と手を出してしまいました。男性側は、もちろん自分だけだと思っているようですが、頻繁には会えないので、ほかの人を求めてしまうのです。

それに、おじさまたちも順々に定年を迎えてしまうので、新しい相手を開拓しなくてはなりません。

結婚して年月がたつにつれ、夫とのセックスも少しずつ回数が減っていたため、なおさら男あさりをやめられなくなってしまいました。

受付嬢も数年やっていると、入り口の影を見ただけで、誰に用があって来たのか、どんな性質のお客様なのか、たいていわかるようになります。それは新規のお客様でもそうです。相手の視線に敏感になり、鼻が利くようになるのです。

自分も歳をとるにつれ、誘われる機会も少しずつ減ってきました。受付に来る男性の視線は、自分よりも隣にいる若い娘に注がれることが増えました。

けれども、注意深く視線を追っていると、若い子にしか興味がない男なのか、熟女も受け入れる男なのか、なんとなくわかるのです。自分から仕かけるとしても、ある程度見極めてからでないと面倒なことになります。

それでも、ひとたびベッドをともにすれば、たいていの男を夢中にさせる自信がありました。おじさまたちから教わった、手練手管は伊達ではないようです。

体つきも年々、色っぽくなっていると夫からも言われています。年とともに、全体的にムチムチしてきてしまったのですが、それがいいと悦ぶ男性は少なくありません。それでも入社以来、制服のサイズは変えていないので、胸もお尻も、布地からはみ出さんばかりに強調されています。

制服のベストからはみ出ている贅肉にそそられるという人がいて、彼と会うときは、こっそり制服を持ち出したりもしています。

ホテルの部屋で着替えてハイヒールをはいてあげると、それで勃起するんです。

ノーパンで顔の上に跨ると、うれしそうにペロペロ舐めてきます。大きいお尻で顔面を圧《お》し潰《つぶ》すようにこすりつけていると、とても興奮するのです。

ワレメから溢れ出た愛液で、顔中べっとり濡らしてあげると興奮して、なんでも言うことを聞いてくれます。彼は、四十代という年のわりにあまり遊んでいないので、私が教えて育てているという感じです。

また、最近関係を持ったばかりの六十代の男性は、勃起力が弱くなったぶん、おもちゃの使い方がとてもおじょうずです。私の体が感じやすいことをおもしろがって、仕事中なのに、リモコンバイブを入れさせてくれと言ってきました。廊下で手渡された親指くらいのローターを、トイレでそっとワレメの奥に埋め込みました。

隣に若い受付嬢がいるというのに、カウンター越しに、ポケットに忍ばせたリモコンを操作して私の反応を見て愉しむのが大好きなのです。

周囲に気づかれぬように、下腹部に力を入れると、自然とアソコが締まって、よけいに感じてしまいました。

隣に座る娘から、「具合でも悪いんじゃないですか?」と心配されたときは、さすがに少しあせりましたが、いまはそれくらいの刺激がないと物足りなさを覚えるようになってしまいました。

この職場も年齢的にあと少し。引退するまでは、貪欲に愉しもうと思っています。

露出の多い服で挑発してくる奥様の身体も自慢の道具でメンテナンスする町の電気屋

生田浩一　電気工事士・三十五歳

私は個人で電気屋を営《いとな》んでいます。大手の量販店に対抗するために地域密着のサービスを心がけているので、アフターサービスも万全です。うちの店で購入してもらえれば、エアコンの取りつけももちろん無償で行います。

先日も、同じ町内に暮らす四十代の奥さんから、「エアコンが壊れたから、新しいのに買い換えたいの」と相談され、おすすめの最新機種の取りつけに伺ったんです。

そしたら、ふだんは地味な服装の奥さんが、体のラインがはっきり出るニットのワンピース姿で出迎えてくれました。

おまけにそのワンピースは胸元が大きく開いていて、前屈みにならなくても胸の谷間がかすかに見えてしまっているのです。

これは……と私は思いました。主に専業主婦相手の仕事ですから、こういうことはたまにあるんです。その一カ月ほど前にも、大型冷蔵庫を購入してもらった奥さんといろいろあって……。

ひょっとしたら奥様ネットワークで噂になっているのかもしれません。

脚立にのぼって取りつけ工事をしていると、そのすぐ近くから私を見上げながら奥さんが話しかけてきました。

「すごく手際がいいわね」

「ええ、まあ、仕事ですから」

そんなことを言いながらなにげなく振り返ると、奥さんは胸の下で腕組みするようにしてオッパイを強調しているんです。しかもノーブラらしく、乳首のところがツンとがっているんです。

こっちはもうムラムラして、ズボンの中でペニスがムクムクと勃起してきてしまいました。それを隠そうと腰を引くと、私はバランスを崩して脚立の上から落ちて、床に尻餅をついてしまったんです。

「あっ、痛てえ……」

お尻を打って、私はその場にうずくまってしまいました。

「電気屋さん、大丈夫？」

そう言ってのぞき込む奥さんは立て膝にしていて、ニットのワンピースのすそがずり上がり、股間が丸見えになっていました。

私は思わず息を呑みました。なんとそこには黒々とした茂みが……。奥さんはパンティをはいていなかったのです。胸の谷間と股間の茂みを見せつけられると、私はもう我慢できなくなってしまいました。

向こうから誘惑してきているのですから、絶対に断られる心配はないはずです。そこで私は思いきって言ってみたんです。

「エアコンの取りつけはとりあえず終了しましたが、ついでに奥さんの体もメンテナンスしてあげてもいいですよ。もちろん無料サービスです」

奥さんの反応は予想どおりのものでした。

「あら、うれしい。じゃあ、お願いしようかしら。最近、全然使ってないから、奥のほうが錆《さ》びついちゃってるかもしれないけど」

奥さんは私の太ももを優しくなで回し、その手を股間へと移動させてきました。

「あら、この硬いのは何かしら?」

頬をほてらせ、唇をぺろりと舐め回して、奥さんはたずねました。

「これは……奥さんをメンテナンスするための特別な工具です」

「へえ、そうなんですね。どんな工具なのかしら」

「ごらんになりますか？　これがいい仕事するんですよ」

私はその場に立ち上がりました。脚立から落ちたときの痛みはもうすっかり消えていました。そのかわり、窮屈なズボンの中で勃起したペニスが折れそうになり、その痛みに顔をしかめてしまうのでした。

「じゃあ、遠慮なく見せてもらうわね」

奥さんは私のベルトをはずし、作業ズボンのジッパーをおろしました。そして、そのままブリーフごと引っぱりおろすんです。

すでにビンビンに勃起していた私のペニスは、ブリーフに先端が引っかかってしまいました。

その状態で無理やりブリーフを引っぱりおろされたものだから、勢いよく飛び出したペニスが下腹に当たって、パン！　と大きな音が鳴ってしまいました。

「まあ……」

奥さんは絶句し、しばし呆然《ぼうぜん》と私のペニスを見つめていました。

それはあまりの力強さに驚いてしまったといった顔です。そのことが私を誇らしい気分にさせました。

そこで私は下腹に力を込めて、ペニスをビクンビクンと動かしてみせたんです。

「はあぁ……。す、すごいわ……」

奥さんはため息を洩らしました。

「さわってもいいですよ」

そう言いながらさらにビクンビクンと動かしてみせると、奥さんはおそるおそるといった様子でペニスを両手で握り締め、その手をゆっくりと上下に動かしはじめました。

「すごく熱いわ。それに、すごく硬い。はあぁ……ピクピクしてる」

「うう……。奥さん……気持ちいいです……あああ……」

そうやってペニスをしごかれると、すぐに先端に先走りの汁がにじみ出てきてしまいました。

「あら、何か出てきたわ。これって我慢汁ね。はあぁ……舐めたい……。舐めたいわ。はあああぁ……」

奥さんはうっとりした表情でペニスに顔を近づけると、舌を伸ばして亀頭ににじみ出た液体をぺろりと舐めました。

「はあうっ……」

ビンビンに勃起したペニスには、その程度の刺激でもかなりの快感です。今度は勝手にペニスがビクン！　と脈動してしまいました。

それを手のひらに感じた奥さんは、もう我慢できないといった様子でペニスに食らいついてきました。そして亀頭をパクッと口に含むと、飢えた野良犬のような勢いでしゃぶりはじめたんです。

「うぐ……うぐぐ……」

いきなりのどの奥まで呑み込み、うめき声を洩らしながら熱烈にしゃぶりつづけます。

その勢いからは、ペニスをしゃぶるのはかなり久しぶりなんだろうなと感じました。

「おお……うう……奥さん……あああ……。な……なんてエロいフェラするんですか。うう……」

私は仁王立ちしたまま、うめくように言いました。

「だ……だって……。こんなに大きくて硬いんだもの……」

奥さんはいったん口からペニスを出し、その先端に軽く唇を触れさせた状態で私を上目づかいに見つめました。

奥さんとは顔見知りです。過去に私の店で照明器具などを買ってもらったこともあり、道で会えば挨拶を交わす関係でした。

どちらかというと地味で、おとなしい感じの女性です。その奥さんがこんなにうれしそうにペニスをしゃぶっているというギャップが、ますます私を興奮させるんです。

このままリビングの床の上でセックスしてもよかったのですが、どうせならもっとじっくりと熟れた女体を味わいたいと思った私は、奥さんに提案しました。

「せっかくだからベッドへ行きませんか？」

「寝室はその廊下の突き当たりよ」

そう言うと奥さんはまたペニスに食らいつきました。そして、ジュパジュパと唾液を鳴らしながらしゃぶりつづけるんです。

ほんの少しの間もペニスを放したくないといった様子です。

「ううっ……。じゃあ……移動しますよ。奥さん、ついてきてくださいね」

私はそのままの体勢でゆっくりと後ろに歩きはじめました。奥さんはペニスを咥えたまま、四つん這いでついてくるんです。

それは卑猥すぎる状況でした。しかも、逃《のが》すまいと吸いつく奥さんの口腔粘膜がきつく締めつけてくるために、強烈な快感がペニスを襲うんです。

「あぁ、気持ちいい……。あぁあ……奥さん、エロすぎです。あぁあぁ……ううっ……だ、ダメだ。で、出る……ううっ！」

もう少しで寝室だというところでペニスがいきなりビクンと脈動し、精液が勢いよく尿道を駆け抜けていきました。

「はうっ、ぐ……」

のどの奥を打たれた奥さんが低くうめき、ぎゅっと目を閉じました。その顔を見おろしながら、私はさらにドピュンドピュンと精液を放ちつづけました。

「す……すみません」

ようやく射精が収まると、ふと我に返って私は謝りました。

でも、奥さんは怒ることはなく、口の中の精液をこぼさないように慎重に体を引くと、口の中に溜まったものをすべてゴクンと飲み干してくれたんです。

「はあぁん……。ちょっと苦いけど、おいしいわ。あぁ、お腹のあたりがだんだん温かくなってきちゃった」

そう言って、ぺろりと唇を舐め回すのでした。

「お……奥さん……。はあぁ……」

私はそのいやらしさにため息を洩らしてしまいました。

「もう一回ぐらいできるわよね？」

奥さんにそうたずねられて、私は「もちろんです！」と即答しました。

大量に射精して若干柔らかくなっていましたが、それでもすぐに回復する自信はありました。目の前にこんなに色っぽい熟女がいるのに、まだその口しか味わってないのですから、ここで終わるわけにはいきません。

「じゃあ、続きはベッドでしましょ」

奥さんに促されて寝室のドアを開けると、部屋の中にはベッドが二つ、壁の両側に離れて置かれていました。寝室を別にしないだけましなのかもしれませんが、それでも奥さんと旦那さんの関係が少しわかったような気がしました。

おそらく、もうずっと夫婦の営みはないのでしょう。

「奥さん、いっぱい気持ちよくしてあげますからね」

私がそう言うと、奥さんはうれしそうに微笑みました。

「じゃあ、まず奥さんの裸を見せてください。メンテナンスに必要なんでね」

「恥ずかしいわ。もう若くないもの」

「何言ってるんですか。この熟し具合がいいんじゃないですか。じゃあ、ぼくが脱がしてあげますからね」

気をつけの姿勢で立ち尽くす奥さんの服を脱がしはじめました。といっても、ニットのワンピースを脱がすと、もうなにも身につけていない状態なんです。

「あぁ……すごくきれいですよ」

それはお世辞でもなんでもありませんでした。確かに若い女のような肌の張りはありませんが、少し垂れ気味の大きな乳房や、下腹にぽっこりと溜まった脂肪なんかが、なまなましくてたまらないのです。

「さあ、こっちへ」

私も上半身に着たままだった作業着を脱ぎ捨てて全裸になり、奥さんを抱き締めて、そのままベッドへ倒れ込みました。

「あぁぁん……めちゃくちゃにしてぇ……」

奥さんは下から私をきつく抱き締めて、私の顔に乳房をぐりぐり押しつけてきました。その柔らかさとほんのりとただよう牝臭にうっとりしてしまいました。

「あぁ、奥さんの体、最高ですよ」

私は奥さんの乳房をもみ、同時にもう一方の乳房を舐め回し、その頂《いただき》でツンととがっている、少し大きめの乳首を口に含みました。

「あぁんっ……」

乳首はかなり敏感なようで、奥さんは体をピクンとふるわせて、悩ましげな声を出しました。その反応に気をよくした私は、乳首をチューチュー吸い、舌で転がすようにして舐め回し、前歯で軽く噛んであげました。

「あっあああぁぁん……す……すごい……。はあぁぁ……すごく気持ちいいわぁ……。はあぁぁ……。あああぁぁぁん……」

奥さんは私の髪をくしゃくしゃにしながら、喘ぎ声を洩らしつづけました。

もっといやらしく喘がせたい。そんな思いから、私は奥さんの股間に手をねじ込みました。

「あっ、はああん……」

さすがにそこは乳首よりもさらに敏感なようで、喘ぎ声がいちだんと大きくなりました。しかも、奥さんのあそこはすでにぐっしょりと濡れていて、私が割れ目にそって指を小刻みに動かすと、ぴちゅぴちゅと音が鳴ってしまうのです。

「すごい濡れ方ですね」

「ああぁぁん、恥ずかしい……」

奥さんは両手で顔を隠してしまいました。だけど股間は無防備なままです。それはさらなる愛撫を期待してのことなのでしょう。そんな思いにこたえるためにも、私は乳房から鳩尾《みぞおち》、おヘソ……と舌を移動させていきました。

そして、茂みを通り過ぎて割れ目の端にたどり着き、そこで硬くなって存在を誇示しているクリトリスを舐めた瞬間、また奥さんの体がビクン！　と跳ねました。

「あっ、ダメ！　そこは感じすぎちゃう！」

もちろんそれは「もっとして」という意味です。

「ダメですよ、奥さん。さっきぼくにしてくれたフェラチオのお返しなんですから、素直に受け取ってください。ほら、自分で両脚を抱えてオマ○コを突き出して」

「あぁぁぁん……恥ずかしいぃ……」

鼻にかかった声でそう言いながらも、奥さんは素直に両膝を抱え込みました。これでもかと陰部が私に向かって突き出されました。

そこはもうどろどろにとろけていて、分厚く充血した肉びらがナメクジのようにうごめき、その奥の膣口がヒクヒクしているんです。

「す……すごくいやらしいオマ○コですね。ああ、たまらないです」

私はその陰唇に熱烈なディープキスをしました。そして膣の中まで舌で舐め回し、溢れ出る愛液をすすり、そして硬くとがっているクリトリスを舐めてあげたんです。

「ああっ……はああっ……あっはああん……」

奥さんは膝の裏が白くなるぐらい強くつかみながら、私のクンニに反応してピクンピクンと体をふるわせつづけました。

そして私はさっき乳首にしたのと同じようにクリトリスを吸い、舌先でくすぐるように舐め、さらには前歯で軽く甘噛みしてあげました。

「あっ、ダメ！　はああん！　い……いい……。あああんっ……い……イク！」

そう叫んだ瞬間、奥さんは激しく体をふるわせました。今度のはほんとうにすごい勢いだったので、陰部を舐めていた私が弾き飛ばされてしまったほどでした。

「イッたんですか？」

愛液塗《まみ》れになった口元を手の甲でぬぐいながら、私は問いかけました。

「はあぁ……。そうよ、イッちゃったの。ああぁん……気持ちよかったわ」

ベッドの上でぐったりと四肢を伸ばしながら、奥さんは言いました。その気怠《けだる》げな様子が、またたまらなく卑猥なんです。

私のペニスはもうフェラチオで射精する前の硬さを取り戻していました。いいえ、そのときよりもさらに硬く大きくなっていたんです。

「奥さん、今度はぼくのこの工具を使って、奥のほうまでしっかりメンテナンスしてあげますね」

私がそう言うと、奥さんはもう一度両膝を抱えるようにして、いまクンニでイッたばかりのオマ〇コを私に見せつけるようにして言うのでした。

「して……。メンテナンスして……。あああん、いっぱいメンテナンスしてぇ……」

まるであそこがしゃべっているかのように、膣口がヒクヒク動き、挿入を催促します。そんなものを見せられて、焦らすことなんてできません。

「奥さん……いいんですね？　入れますよ？」

下腹に張りつきそうなほど反り返っているペニスを右手でつかんで引きはがすようにして、亀頭をぬかるみに押し当てました。

「うう……温かい……。ううう……入っていく……ひとりでに入っていきますよ」

「はあああん……入ってくる……。ああん……奥まで入ってくるわぁ。あああ……」

まるでイソギンチャクに襲われた魚のように、私のペニスは奥さんのオマ〇コに吸い込まれていきました。そして、根元まで完全にぬかるみに埋まってしまうと、温かな膣粘膜が今度はねっとりと締めつけてくるんです。

「ううっ……気持ちいいです……。ううう っ……」

ひとりでに私の腰が動きはじめました。その動きは徐々に激しくなっていき、奥さんの膣奥を激しくかき回しはじめました。

「あああっ……いい……。はあああんっ……す……すごいわ、電気屋さん……。あああん……もっと……もっとしてぇ……」

「ああ、奥さん……。奥さんのオマ○コ、最高に気持ちいいです。ううう……」

私は奥さんとディープキスを交わしながら、膣奥をかき回しつづけました。

ただやみくもに抜き差しするだけではなく、奥まで突き刺した状態で円を描くように動かしてあげると、奥さんは狂ったように喘ぎ声をあげました。

「あっ、そ、そこ……あああああっ……すごい……あああああん!」

そんなふうにされたのは初めての経験だったのでしょう。ふだんは地味でおしとやかな奥さんの淫らすぎる姿に、私はペニスに受ける肉体的快感がさらに何倍にも増幅されるように感じました。

さっきフェラチオで大量に射精したばかりだというのに、また射精の予感がこみ上げてきました。

「ああっ……奥さん……ぼ……ぼく、もう出そうです……」

「ああああん……いいわ……中に……中にちょうだい」

今日は安全日なのか、それとももう生理が上がってしまったのか、どっちにしても奥さんのオマ○コの中に射精すると思っただけで、もう私はあっさりと限界を超えてしまいました。

「あっ……で……出る！　ううう！」

根元まで突き刺した状態で私は腰の動きを止めました。一瞬遅れてペニスが脈動し、奥さんの子宮目がけて勢いよく精液が噴き出しました。

その熱い感触に、奥さんもまたエクスタシーへと昇りつめていきました。

「ああぁ！　い……イク〜！」

そのあとも、また入念にメンテナンスを施し、私が奥さんの家をあとにしたのはもう完全に日が暮れてからでした。

数日後、ほかの奥さんがお店にやってきました。

「テレビを買い換えようと思うんだけど、配線とか全部やってもらえるのかしら？」

そうたずねる目はかすかに潤《うる》んでいて、鼻息が荒くなっているんです。どこかで噂を聞きつけたのかもしれません。

「ええ、もちろんですよ。ついでにほかのものも全部点検修理させてもらいますよ」

私がそう言うと、奥さんはビクンと体をふるわせるのでした。どうやらその奥さんの熟れた女体のメンテナンスも、またサービスでやってしまうことになりそうです。

シェアハウスの大家さんの秘密のお愉しみ 住人の若者を筆下ろししてあげて……

石坂恭子　主婦・四十二歳

四十二歳の主婦です。夫は食品会社の営業マンですが、給料が全然上がらなくて、本当ならあまりいい暮らしもできないはずなのですが、じつはありがたいことにシェアハウスを持っていて、そこの家賃収入でそれなりの生活をしています。

主人の両親、つまり義父母がアパート経営をしていたのですが、それが老朽化し、思いきって建て直そうというときに、不動産会社の人から、いまどきの時代に合わせてシェアハウスにしてはどうかとすすめられたのです。どうせお金を出してくれるのは義父母なので、どちらでもいいと思ったのですが、いまとなってみれば、私は家賃収入だけでなく、もっといい思いができるようになり、シェアハウスにしてよかったなあと思っています。

アパートとの違いは、ひと部屋ずつ独立しているのではなく、大きな共有スペースを中心にして八つの部屋が並んでいることです。とても自由な雰囲気だし、住人たちもフレンドリーです。私も入っていきやすくて、住人たちと個人的に気軽に話す機会も多いのです。

そんなわけで、いま、毎日が楽しくてたまりません。

といっても、おしゃべりを楽しんでいるわけではありません。いろんな住人の男性たちを、しょっちゅうつまみ食いしているのです。

住人はほとんどが学生か、社会人になって数年の若い人で、いちばん年上でも三十歳。私にしてみれば年齢の離れた弟みたいな感じで、住人たちも、私のことを気のいいお姉さんみたいに見てくれます。だからいつも気軽に接しているのですが、最初にそういう関係になったのは、二年前のことでした。場所は、うちのリビングです。

相手は、佐々木《ささき》君という大学生でした。法学部なのですが、親は地方で弁護士をやっていて、佐々木君もまじめに同じ道を目指してるみたいです。

きっかけは家賃の滞納でした。滞納といってもたった一日だけです。シェアハウスは私たち夫婦が住んでいる家のすぐとなりなので、家賃は一人一人が私のところに直接持ってくるのがルールです。佐々木君はいつも期限どおりに持ってくるのですが、あるとき珍しく二、三日遅れました。そして、それをすごく謝るのです。

まじめな佐々木君らしく、たった数日遅れただけにもかかわらず、土下座までする始末で……。「いいから頭を上げて」と言いながら、何の気なしに、なぜ珍しく遅れたのかを尋ねてみました。最初は言いよどんでいた佐々木君でしたが、滞納の負い目でしょうか、ボソボソと話しだしました。

「じつは先日、生まれて初めて失恋しまして……」

聞けば、東京に来て初めて女性とつきあうことになり、ついに彼女の部屋でベッドインすることになったのだけど、童貞の彼はどうすればいいかわからず、彼女に笑われてしまい、そのままフラれてしまったとか。

それって男としていちばんつらい失恋の仕方でしょう。相手の女の子もひどいなあと思ったら、なんだか佐々木君に同情してしまいました。

その一方で、興味津々でもあった私が、その辺の事情を根掘り葉掘り聞いていくと、佐々木君も話したほうが気が楽になると思ったのか、ぶっちゃけてくれました。

「どこに入れるかわからなくてモタモタしてたら、出てしまって」

泣きそうな顔でそう打ち明ける彼のためにしてあげられることってなんだろうと考えた私は、思いきってスカートをまくり上げてパンティを脱ぐと、見せてあげたんです。もし自分がほんとうに弟思いの優しいお姉さんなら、そうすると思ったというのもありますが、若い子の初々しい性の話を聞いているうちに、なんだか体が火照ってきてしまっていたからです。

「いい？　よく見て。ここがクリトリス、女の人がすごく感じるところ。最初はここをじっくりさわったり舐めたりしたほうがいいんだよ」

最初はびっくりしてた佐々木君ですが、気がついたら顔を近づけてじっと見てます。いつもはまじめな彼が、いかにも好奇心剝き出しで私のオマタをのぞきこんでるのを見て、すごく興奮してきたのを覚えています。

「ほら、こんなふうにクリトリスをさわってると、ね、濡れてくるでしょ？　これが愛液だよ。これがたっぷり垂れてきたら、女の子が感じてる証拠なんだよ」

「そうなんですね、あ、彼女すごく濡れてました。ビチョビチョ音してたし」

「そっか。でも、入れるところって、わかりにくいもんね」

なんか私、見られながら、気がついたら指先を微妙に動かして、クリトリスを刺激してました。大学生の男の子が私のアソコを見てる、そう思うだけで、あとからあとから濃厚なオツユが溢れてくるのがわかりました。

「すごいですね、奥さんもびしょびしょですよ、クリトリスがすごく腫れてるし」

「やだ、言わないでよ。私のオマ◯コ、そんなに真剣に見ないで」

そう言いながら、もう完全にオナニーしてるみたいに指が動いてました。

「いい？　広げるから、よく見て。クリトリスの下にあるのがおしっこの穴」

指先で広げると、佐々木君はますます顔を近づけてきて、はあはあ言ってます。しかもズボンの前を押さえてるから、もうアレがビンビンに勃起してるんだろうなあと思いました。

「おしっこ穴の下に、すっごく濡れてるところあるでしょ？　これがオマ〇コの穴、ここに入れるんだよ」

「そうなんですね、なんかもう濡れすぎて白い泡吹いてますよ」

「やだ、言わないでって。私、すごく濡れやすいの。佐々木君だって勃《た》ってるでしょ。すごく勃起してるんじゃないの？」

恥ずかしそうな顔しながらも、ズボンの前がパンパンでした。

そのころの私はずっとセックスレスで欲求が溜まってたので、そういうの見るだけで、もう完全に何かが壊れてしまう感じがしました。

「佐々木君、見せて。お願い、大学生の若いおち〇ぽ見たい」

はしたないことを言いながら、自分で自分の言葉に舞い上がってしまいました。

「ねえ、私の体で練習したい？　今度はまちがえないように、私のおま〇こで練習してみなさいよ」

「え、でも、奥さんには旦那さんいるし、これって不倫ですよね」

法学部の学生はこんなことを考えるんだと思うと、なんか笑いそうでした。

「そういうの気にするのも大事だけど、あなたが大人になるのも大切なことよ。ねえ、私はここまでしてるのに、入れたくないの？」

「いや、あの、ほんとのこと言うと、入れたいです」

そう言うと佐々木君は、ズボンのファスナーをおろし、ズボンとパンツをずり下げました。とたんに、きれいな色の、大きくて反り返ったおち○ぽがビュンと飛び出してきました。二年前ですが、その瞬間のことをよく覚えています。主人以外の男性の性器を見たのはほんとうに久しぶりでした。あのとき、自分は女として変わってしまったのだと思います。佐々木君のおち○ぽ見て、入れたい、味わいたい、この硬そうなので思いきり突かれたいと、ますますオツユが垂れてきました。

「すごいね、立派なんだね、ちゃんと使いこなさないともったいないよ」

我慢できなくて私のオマ○コ見ながら手を上下に動かしてる佐々木君を、私は目の前に立たせました。

「ねえ、夕べはおしゃぶりしてもらった？」

「え？　いや、してもらってないです。してほしかったけど」

「だよね、フェラされたいよね。この童貞ち○ぽナメナメされたいよね」

そう言って私は、目の前の立派なおち○ぽを咥え、そして舌先を思いきり動かして舐め回しました。佐々木君は、ふだん絶対にあげないような声をあげて喘いでいました。童貞大学生ってこんな声を出すんだ、おち○ぽ舐められて、こんないやらしい声をあげるんだなと思いながら、舌先で先端やカリの周り、根元のほうまでていねいにしゃぶりました。

「なんか、舐めてるだけで、どんどん大きくなってくるね」

「だって、すごく気持ちいいから」

「いいよ、もっと感じて、声出して。ほら、ここ、どう？」

私はサオの部分をこすりながらカリのところをチロチロ舐めて刺激しました。下半身がピクピクしていました。男はみんな、そこが弱いの知ってます。佐々木君もそこを重点的に舐めると、先端の穴から液体が溢れてくるのがわかりました。

「やだ、どんどん出てくるよ、エッチな液」

主人のとは味が違う、そう思いながら舐めて味わいました。すごくエロいことしてるなあと思うと、ますます興奮しました。

「ねえ、こっちは、どう？」

今度はタマタマもしゃぶりました。口の中に入れて転がしたり、ちょっと強めに吸ったりすると、佐々木君はガニ股になりながら声をあげて反応しました。

「あの、奥さん、もう我慢できません」

「入れたい？　入れてみる？」

「はい、入れたいです。今度はちゃんとうまくやりたいです」

「私が最初の女でいいの？　私に童貞くれるの？」

「はい、お願いします、もらえってもらえたらうれしいです」

かわいいと思い、彼をあおむけに寝かせました。おち○ぽが上を向いてそそり立ってます。初めての挿入が女性上位ってどうなんだろう、ちょっと考えちゃったけど、でもそのときはともかく、彼に跨《また》がって自分で腰を動かしたくて仕方なかったのです。

「見てて、あなたのおち○ぽが初めて女の体に入るところ」

二人でそこを見ながら、彼の童貞おち○ぽをつかんで自分の穴に導きました。

「ね？　わかる？　ここに入れるんだよ。ここが女のオマ○コ」

そう言って亀頭でその穴をグリグリしました。それだけで腰から力が抜けてしまうくらい感じてしまいました。

「いい？　入れるよ、童貞卒業だよ。ほら」

　腰を沈めると、すごく大きなおち○ぽがニュルリと入ってきました。久しぶりのセックスだったせいか、なんかすごく窮屈だったのを覚えています。それとも佐々木君のがすごく大きかったのかもしれません。

「入ったよ、これが女のオマ○コ、わかる？　今度からは自分で入れるんだよ」

「わかります、すごく狭くて気持ちいいです」

　うわずった声でそう答える佐々木君がかわいくてたまりません。

「ほら、ゆっくり動くから味わいなさい。オマ○コするのって、どんなにいい気持ちか、しっかり覚えてね」

　そう言って腰を前後に動かすと、下から大きいのがズーンと突き上げてきて、私のそこもすごく喜んでいました。

　彼にセックスの快感を教えてあげなきゃと思っているのに、気がついたら、自分が気持ちいいように前後左右に動いていました。

「ああ、すごく感じます。すごいですね、セックスって」

「でしょう？　好きになった？　もっともっとしたいでしょう？」

「はい、したいです、なんか病みつきになりそう」

すっかり感じまくってエロいこと言ってる佐々木君の声を聞きながら、私は、それまでの欲求不満を吹き飛ばすように激しく動きました。私のアソコに、大学生の元気なおち○ぽが出たり入ったりしてるのを見てるうちに、どんどん気持ちよくなってきました。彼にとっては初めてなんだから、なるべく長く楽しませてあげようと思ったのに、そのうち私のほうが先にイキそうになってきました。

「ねえ、今度は佐々木君が上になって。正常位が基本だからね」

体を入れ替えると、足を開いて佐々木君のを招き入れようとしました。佐々木君はまだよくわからないのか、ぬるぬるのおち○ぽ握っていろんなところを突っついてくるので、私が手を添えて、ここだよと教えてあげると、ようやくググッと奥まで入ってきました。さっきまでとは違うところが刺激されて、なんかすごくいい感じです。なんていうか、童貞クンのセックスは素直というか、よけいなことを考えずに、ひたすら女性の体の中で夢中になって動くっていう感じなんだなあと思いました。

そういえば、私は童貞クンとするのなんて生まれて初めてだったのです。それを思うと、なんかもうアソコがますます敏感になってくるみたいで、彼の腰に自分の両足を巻きつけてグイグイ引き寄せながら、すごく大きな声をあげてました。

自分の家のリビングでそんなことしてるのも不思議でした。床に寝転がって大学生の童貞おち○ぽ入れることになるなんて、想像もしていなかったです。

「いいよ、佐々木君のおち○ぽ最高、もっと奥まで届かせて、いっぱい突いて」

いやらしいこと言いながら、佐々木君に腰の使い方や、女性のアソコをどんなふうに突けばいいかを教えてあげました。

佐々木君はすぐにコツをつかんで、いいところを突いてきました。

「ああ、じょうずだよ、佐々木君、自信持ってね」

「ほんとですか、これでいいんですか？　奥さんのオマ○コも最高です」

「やだ、オマ○コとか言ってる。どう？　人妻のオマ○コ気持ちいい？　私のオマ○コでいっぱい感じて、もっとオマ○コって言って」

お互いに卑猥な言葉を言い合いながら、どんどん感じまくってました。そのうち佐々木君が苦しそうな顔になってきたので、ああ、イキそうなんだとわかりました。

「出すときは外だよ、中には出さないでね、それも大切なことだよ」

「はい、わかりました」

まじめに返事しますが、なんかもう、すぐにも出してしまいそうです。

本当はそのまま、彼の熱い精液を中に出してほしい気もしました。というか、すごく中出しされたくてたまらなかったのですが、そんなわけにもいきません。

「ああ、佐々木君、突いて、いっぱい突いて」

早くイカせてもらいたくてそう言うと、腰の動きを速めてくれたので、そのままギュンて昇りつめてしまいました。

「いいよ、すごく、いい。私、イッてるよ」

「ぼくもイキそうです、もうダメです」

「いいよ、出して、外に」

すごい声をあげながら引き抜いた佐々木君は、そのまま私のお腹にビュビュッとすごい勢いで射精してしまいました。

「これで、大人になれたね」

二人で床に寝転がったままでそう言うと、佐々木君も満足そうに笑ってくれました。自分が本当のお姉さんになったみたいで、なんか幸せでした。

「家賃が遅れたのは、これで許してあげるからね」

「ありがとうございます！」

佐々木君とは、それからも、家賃の支払いに来たときにエッチしました。一回ごとにじょうずになるのが頼もしく感じられました。

そして、私のほうもそれ以来、ほかの住人たちともいろいろ愉しむようになったのです。一人としてしまうと、なんかもうあとは「次々と」という感じでした。みんな家のほうに家賃を持ってくるので、チャンスはけっこうあるのです。

おかげで、若い人たちを相手に、いろんなエッチを体験しています。

たとえば、福田君《ふくだ》というサラリーマンの男の子は、完全にドMです。彼が家賃を持ってくるときは、私はノーパンで迎えます。

「福田君、最近クンニしてる？　舐めたい？　味わいたいんじゃないの？」

スカートをまくり上げて誘うと、福田君は四つん這いになってスカートの奥をじっと見つめてきます。

「舐めたいです、最近全然セックスしてないから、お願いします。奥さんをクンニさせてください」

そう言ってスカートの中に顔を突っ込んできてクンクン匂いを嗅ぎます。彼が来るとわかってる日は朝から準備しています。

「どう？　匂う？　あなたのために今朝はおしっこしても拭いてないんだよ。臭いでしょ？　いっぱい匂い嗅いでよ」

「はい、すごいです、おしっこの匂いする。ああ、ぼくのためにありがとうございます。奥さんのおしっこ臭いオマ〇コ、いっぱい舐めさせてください」

「変態。あなたは舐めながら興奮するんでしょ？　ほら、ペロペロしながらオナニーしなさいよ、オマ○コ舐めながらセンズリこくのよ、ほら」

舐め犬の福田君は、ともかく舐めるのが好きなのです。舐めながら自分のものをしごき上げて喜んでいます。こういうのは私も初めてなので、すごく興奮します。

「もっと舐めて、クリも、ビラビラも、お尻の穴も、全部きれいに舐めてよ」

「はい、おいしいです、お尻の穴もすごくおいしい。ありがとうございます」

ビチャビチャ音たてながら、自分でしごいてる姿はほんとにみじめだけどいやらしくて、すごく変態な気分になります。この年になるまで自分では全然気づかなかったけど、私はSっ気があるのかもしれません。

最後は必ず福田君をあおむけにして、その顔に跨《また》がり、オマ○コとお尻の穴を顔にこすりつけてオナニーさせます。それがまた、すごくいいのです。

「ほら、私のオマ○コに埋もれたままでイキなさい、汚い精液いっぱい出すのよ」

命令すると、彼はフガフガしながら思いきり射精してしまいます。それを見ながら私もイッてしまうのです。

挿入もナシにイクこともあるのだと初めて知りました。

福田君は彼女もいなくて、いつもオナニーするときは、私にいじめられるのを妄想してるそうです。

Mもいれば S もいます。テレビ局でADやってる小川《おがわ》君は、仕事でコキ使われてるストレスを私にぶつけてきます。家賃を払うと私に襲いかかってきて、

「奥さん、家賃だけじゃなくて、もっと別のものも欲しいんだろ？ 若い男のペニスが欲しくて、マ○コ濡らしてたんだろう」

そんなことを言いながら私を壁に押しつけ、後ろから犯してきます。昼間からお尻を突き出して若い男にバックから犯されるなんてすごく刺激的です。しかも、立ちバックで挿入しながら、彼はお尻の穴にも指を入れてきます。いまさらながらアナルセックス願望が出てきてしまって、そのうちシェアハウスの住人の誰かと、二穴セックスしてみたいなんて思ってます。

小川君はいつも、お尻の穴の奥深く指を突っ込んだままでオマ○コに精液を浴びせてくるのですが、その背徳感がたまりません。二つの穴を同時に犯されたらどうなるんだろうと思います。

江藤《えとう》君という男の子はもうすぐ三十歳になるのですが、やっぱり彼女がいなくてオナニーばっかりしています。彼はときどき、干してある私のパンティを盗んでいるのを知ってます。私のパンティを使ってしてるみたいなのです。

あるときそのことを追及すると、恥ずかしそうに認めました。

「でも洗濯したのじゃ物足りないんじゃない？　本当は洗う前の、臭いのが欲しいんじゃないの？」

「……はい……本当はシミつきの臭いもののほうが……」

何度も問い詰めて、やっと白状したので、私はご褒美に、そのときはいていたパンティをあげて、その場でオナニーさせました。

江藤君が大喜びで自分のおち○ぽを出して、パンティの匂い嗅ぎながらしごきはじめたのを見て、私もすっかり興奮してしまいました。若い男が目の前で、私のパンティでオナニーしてるなんて、そんなの見るの初めてです。クロッチ部分を広げて、匂って、舐めて、そのうちおち○ぽにパンティをまきつけてオナニーする姿は、すごくワイセツというか、もう完全に犯罪です。

「いやらしいね、あなた。いつもそうやって私のパンティでおち○ぽこすってるの？　いつもパンティの中に精液ドクドク飛ばしてるんでしょう」

「はい……いつも、奥さんのエロいパンティに出してます」

「ああ、いやらしい、私のパンティから、あなたの若いおち○ぽが出たり入ったりしてる。すごくエロいね」

それを見ながら、私も思わずノーパンのオマ○コをいじってしまいます。

そして、彼が汚パンティにたっぷり精液を飛ばすのを見ながら、私も達してしまいます。すごい変態だなあと思いながら、ヒクヒクしてしまうのです。

シェアハウスの住人は、ふだんはごく普通のいい子たちです。お互いに仲もよくて、生活を楽しんでるみたいです。でも、私とそんないやらしいことをしているというのは、お互いには知らないようです。一人一人の変態性癖を知っているのは私だけです。そう思うと興奮も倍増します。

義父母は、まさか息子の嫁がシェアハウスをこんなふうに利用して楽しんでるとは夢にも思っていないでしょう。義父母はいい人たちだし、いい関係なので、なんとなく申し訳ない気もするのですが、でもこの楽しみはやめられそうにありません。

第三章 熟れた身体に肉幹が激しく漲って

痴漢のテクで激しく感じさせられた私は自分から挿入をおねだりしてしまい……

豊島敦子　ＯＬ・四十二歳

私は就職以来ずっと同じ会社に勤めていたのですが、四十歳のときに知り合いの勧めで転勤することになりました。

それとともに、それまで自動車通勤だったのが電車通勤をするようになりました。自動車は楽といえば楽なのですが、電車は乗っているだけで勝手に目的地まで連れていってもらえる手軽さもあります。

特に飲み会などになると、自動車組はタクシーや代行を頼まねばならず、よけいな出費を強いられます。でも、電車通勤なら、終電さえ気をつければ、存分にアフターファイブを楽しむこともできます。

電車に乗るのは学生のころ以来ですが、地方出身者の私が乗っていたのはローカル線で、都会のように通勤ラッシュがあるわけではありません。だから初めて通勤ラッシュ、帰宅ラッシュに遭遇したときは、「みんなよくこんなの我慢できるわね」と思ったほどです。

しかし、慣れてしまえばなんとでもなるものです。転職先でもうまく周囲に溶け込むことができて、まずは順調なすべり出しでした。そんなとき、私は生まれて初めて「痴漢」にあってしまったのです。

(えっ、なにこの手。私のお尻をさわってる?)

最初はまさかと思いました。だって、私は既婚者で子どももいるような年齢です。こんなおばさんを痴漢が狙うはずないと思ったのです。しかし、後ろから伸びてきた手は、明らかに意図的に私のお尻をなで回していたのです。

私は驚きと同時に怖くなりました。けれど電車内は満員で、逃げ場なんてどこにもありません。

ましてや「この人痴漢です」なんて言うのも恥ずかしくて、ついそのままお尻をなでられつづけたのでした。

結局、その痴漢はひとしきり私のお尻をなでると満足したようで、ほかの乗客にまぎれて行ってしまいました。その日から行き帰りの電車は私にとって油断のならない場所となってしまったのです。

(また痴漢されたらどうしよう)

でも家族や同僚にこんなことを相談するのもためらわれました。

年増《としま》の自意識過剰だとか「お局《つぼね》さまがこじらせてる」なんて思われるのはいやだったからです。その後、できるだけ早い電車に乗ってラッシュ時を避けたり、同じ車両に乗らないようにして、しばらくは何事もありませんでした。

ですが、あの日の私は残業が早く片づいたことで油断して、帰宅ラッシュの電車に乗ってしまったのです。そして案の定、また痴漢に遭遇してしまったのです。

(また……お尻? ああ、今度は太ももとかさわってくるの?)

なんとなくですが、その痴漢は以前にあった痴漢とは別人のように感じました。なぜならさわり方が明らかに違ったからです。おかしな話ですが、その日会った痴漢はやけにさわり方がていねいというか、じっくりとお尻の感触を楽しんだり、スカートのすそから指をもぐらせてきたりしたのです。

明らかに「愛撫」と言ってよいそのさわり方に、私はもちろん恐怖を覚えましたが、同時に「この人ってじょうずかもしれない」などと感じてしまったのです。

よりによって見知らぬ男性に痴漢されて、それを心地よく感じてしまうなんて……。

私もいい年齢ですから、それなりに女性の悦びは知っているつもりです。それに恥ずかしい話ですが、夫と私はもう何年もセックスレス状態で、かといって浮気や不倫をして、夫以外の男性にさわられるという機会もまったくなかったのです。

女の快感を知っている私だからこそ、痴漢の巧妙さ、テクニックに気づけたのかもしれません。

(どうせ抵抗なんてできないんだもの。少しだけ我慢すればいいんだわ)

そう自分に言い聞かせて、私はその痴漢に身を委《ゆだ》ねてしまったのです。すると痴漢男はそれに気をよくしたのか、太ももの内側にまで指を伸ばしてくるのです。頭ではいやだと思っていても、いつしか私の体は熱くなっていました。

(いったい、どんな人なのかしら)

そう思ってそっと後ろを振り向くと、びっくりするくらい普通の男性でした。年齢は私より上に見えますが、外見はほんとうに普通のおじさんなのです。こんな人が満員電車を利用して痴漢するとは意外でした。

結局私はそのまま彼が降りるまで、いろんなところをさわられてしまったのです。不思議なことに、私はもうそれほど彼を怖いとは思っていませんでした。あまりに普通すぎる相手の顔を確認できたからかもしれません。

それどころか、「またあの人にあったらどうしよう」という気持ちの中に、なぜか期待のようなものすら感じていたのです。

翌週、私は前回と同じ時間の電車、同じ車両に乗りました。すると、彼は待ち構えていたかのように再び私の後ろに立って、手を伸ばしてきたのです。

(あっ、前回と同じ人だわ。やっぱり……この人、じょうずだわ)

こうなることを予想していたからでしょうか、私の体の奥はたちまちほてってきました。もう逃げようとか思いません、私は彼の巧妙な指遣いに身をまかせ、存分に気持ちよくしてもらったのです。

それからというもの、私と彼との奇妙な関係は続きました。私がいやがっているふうではないので、彼はますます大胆になっていき、パンストの内側、ショーツの内側にまで手をもぐらせ、私のアソコを直接いじってくるようになりました。痴漢とその被害者のはずなのに、私のそこは彼の巧みな指の動きにこたえるように、しっとりと濡れてしまうのです。

(今日も気持ちいい……もっと激しくいじって!)

そのころには私ももっといじってほしくて、自分から彼にお尻を押しつけたりして、完全に痴漢されることを楽しんでいました。でも、あくまでもそこは電車の中です。それ以上の行為に及ぶことなんてとてもできません。

（これ以上っていうと、もうおち○ちんでかわいがってもらうしかないわ）

すっかり彼のテクニックのとりこになった私は、とうとう自分から行動を起こすことにしたのです。その駅はすぐ近くに繁華街やホテル街のあるところで、そこで私は思いきってお尻をさわる彼の手をきゅっと握ったのです。

私の行動に、彼の身がこわばるのがわかりました。

振り返ると、そこには冴えないサラリーマンといった感じの男が突っ立っていました。

でも私は、彼を痴漢として駅員に突き出すつもりなどまったくありません。彼の手を握ったまま、二人でその駅で電車を降りたのです。手をつないだ私たちは、もしかしたら知り合い同士のように見えていたかもしれません。まさか痴漢とその被害者だなんて思う人はいなかったと思います。

「き、君」

改札を出たところで、初めて彼が口を開きました。しかし私は彼の手を引いたまま、まっすぐにホテル街に向かっていました。彼も私の意図がわかったのでしょう、まるで仲のよい夫婦か恋人のように手をつなぎ、一軒のホテルに入りました。

部屋に入ると私はもう我慢の限界で、彼に抱きついて唇を重ねました。彼もしっかりと私を抱き締め、舌を絡めてきます。痴漢するときの繊細な手つきと違って、彼も興奮していたのでしょう。スラックスの股間部分はもうぱんぱんです。

「んっ、あぁ……これ、これがずっと欲しかったの」

私は彼の足もとにしゃがむと、ためらいなくジッパーをおろして彼のモノを取り出しました。彼のモノはもちろん勃起していて、その逞しさに頭がどうにかなりそうです。年齢的には夫より年上だと思うのですが、こんなに大きく硬くなったおち◯ちんを見るのは久しぶりです。

あ〜んと大きく口を開けて先端を咥えこむと、男性の体臭とおち◯ちんのしょっぱい味が押し寄せてきました。

私は服を脱ぐことも忘れ、頭を振り立てて唇で彼のモノをしごきました。彼の手が私の頭を押さえ、腰を突き出すと先端がのどの奥まで届きそうで、その息苦しささえもが私をさらに興奮させます。

「おぉ、いいよ……なんて吸いつきなんだ。し、舌が亀頭に絡みついて」

彼の気持ちよさそうな声を聞くだけで、股間の奥が熱く濡れるのを感じました。これまでは私が一方的にさわられるだけだったのに、いまはこうして私のほうから彼のモノにむしゃぶりついているのです。

この太くて大きな物でおま〇こをぐちゃぐちゃにかき回されたい。でも、私の勢いは止まらず、そのままじゅるじゅると音を立てて、おち〇ちんをねぶり、吸い立て、舌を先端に絡めました。

口の中でおち〇ちんがひくひく震え、射精が近いことがわかります。もちろんおま〇こにも欲しいけれど、彼の最初の精液をお口で飲みたい。飲ませてほしい……そんな気持ちで私はさらに激しく頭を揺すりました。

「うっ、で、出る……っ」

どくどくと力強いリズムでどろりと濃厚な体液が私ののどに注がれます。私はその生臭い体液を、一滴残らず飲み干したのです。

（すごい、こんなにたくさん）

あまりの大量射精に、思わずげっぷが洩れそうになってしまいました。こんなに射精するだなんて、きっと彼もずっと私とこうしたかったに違いありません。きっと私の股間をいじりながら、私の中にこの大きなモノをねじ込むことを考えていたのでしょう。そう思うと、期待と興奮で胸が熱くなります。

射精で一度は萎《な》えかけたものの、私が舌でていねいにおち〇ちんを舐めていると、彼のモノはまたすぐに大きくなっていきました。一度くらいの射精では、彼の欲望は収まらないのです。

言うまでもなく、私も下のお口にこの濃厚などろどろを思いきり出してほしい。私は彼に微笑みかけると、着ていたスーツを自分から脱いでいきました。すると、彼もすべて承知しているかのように、背広を脱いで全裸になりました。

「さあ、ベッドで四つん這いになって。電車の中じゃできなかったやり方で、うんとかわいがってあげよう」

言われるままに彼にお尻を向けて四つん這いになると、彼は私のお尻をつかんで、その奥に舌をもぐらせてきました。

「んあああっ、舌がっ」

その舌遣いは痴漢をするときの指遣い以上に巧妙で、大胆に私のそこをねぶり回してきました。肉ひだを舌先でなぞるようにかき回し、とがらせた舌をおま○この奥までねじ込んでくるのです。

しかも、あの巧みな指遣いでクリトリスまでいじってくるのですから、私はあっという間にイキそうになりました。

「らめえ、舌と指だけじゃいやなの。おち○ちん欲しい、おち○ちんでおま○こイカせてぇんっ」

肩越しに振り向いて甘えた声でそうおねだりすると、彼は愛液でぐっしょり濡れた顔を上げてにやりと笑いました。

そのとき私は初めて「あぁ、この人はやっぱり根っからの痴漢なんだ」と実感しました。わき上がる性欲を抑えきれず、電車の中という閉鎖空間で、名前も知らない女に不らちな行為を働く男。

それは世間的には犯罪かもしれませんが、そんな相手に体をほてらせ、おち○ちんをおねだりしている私も、誰が見ても変態淫乱女です。

（あん、お尻に当たってる）

彼は両手にむずと尻肉をつかむと、腰を押し当ててきました。するとあの太くて大きな物が、お尻の割れ目に押しつけられます。そして、腰を大きく前後に揺すると、おち○ちんで割れ目をこすり立てるのです。

挿入はまだされてない、けれどぐいぐいと骨盤を強く抱き寄せられると、まるでほんとうにバックから犯されているような気分になります。それなのに、彼のモノは肝心のところには入ってこないのです。

なんていうもどかしさでしょう。私はすすり泣きのような喘ぎ声を洩らし、「おち○ちん、おち○ちん欲しいぃ……」と悶《もだ》えました。

すると彼は、すうっと腰を引き、あらためて私の腰をギュッとつかんで固定しました。あぁ、いよいよ入れてもらえるんだ、と思っていると、腰を引いた彼は、おち○ちんを太ももではさんで、私のアソコでそれをこすりはじめたのです。当然のことですが、彼のモノはアソコには挿入されません。

「ひゃあんっ、あ、あぁっ！　そんな、意地悪しないでぇっ」

「でも気持ちいいだろう？　キミのま○こから溢れた汁で、こんなにいやらしい音が響いているよ」

彼はそう言ったとおり、彼が腰を前後するたびに「にちっ、にちっ」と肉がこすれる濡れた音が股間から聞こえてきます。さんざん彼の痴漢テクニック、そしてさっきのクンニでぐしょ濡れにされた私のおつゆが、二人の結合部でこすれ、なんともエッチな音を発しているんです。

「あはぁっ、あん、ああんっ。気持ちいい、クリちゃんこすれて気持ちいいけど……おま○こに、おま○こにおち○ちん入ってないのぉ～」

さすが年季の入った痴漢とでもいうのでしょうか、彼はそうやってさんざん私を焦らしまくって私をよがらせ、悶えさせました。そしてよがり疲れた私がぐったりすると、彼は私を姿見の前に立たせたのです。

いったい私になにをさせようというのでしょう。けれど、エッチではしたないことに違いありません。期待に胸をふくらませていると、彼は私の背後に立って、両手を私の体の前に回してきました。

「ふふ、こうやっていつも、電車の中でキミにいやらしいことをしていたね……そう、目の前にあるのは姿見じゃなく、そうだな、電車の扉のガラス。周囲にはまだほかの乗客がいると想像してみるんだ。さあ目を閉じて」

言われるままに目を閉じて想像すると、たしかに、彼に痴漢されるとき、私たちはいつもこんな体勢でした。そう考えると、まるで周りから車内の雑踏が聞こえてきそうな錯覚さえしてきます。

「今日のキミはどんないやらしいことをされても抵抗できない。もしかしたら、ほかの客は気づくかもしれないけど、キミは喘ぎ声ひとつ出してはいけないよ」

そう言いつつ、彼は指先に私のニップルをつまみ上げ、くりくりとこね回すのです。ああ、もしこの場がほんとうに電車の中だったら、声なんかとても出せない。すると彼は大胆にも、立ったままの格好で私のアソコにいきり立ったおち○ちんをずぶりとねじ込んできたのです。

「ひうっ?」

「ダメだよ、声を出しては。キミは名前も知らない男に痴漢されて、おま○こを濡らすような変態女なんだから」

そうです、もしほんとうに電車の中で彼のモノを挿入されても、私はきっと同じように股間をいやらしい汁で溢れさせていたことでしょう。だって、私は痴漢されて喜ぶような淫乱人妻なのですから。

彼の両手は私の乳房から腰にすべり落ちて、やや贅肉のついた腹部をなで回したあと、腰を強くつかんできました。そこで彼が膝を伸ばしたため、挿入が一気に深まりました。

「んふぅう……っ」

私は片手を口に当てて声をこらえました。なんだかほんとうに周りにほかのお客さんが乗っているような感覚はとまりません。それでいて彼はぐいぐいと腰を突き上げてくるので、私はいつしか爪先立ちになって、彼の逞しいモノに真下から串刺しにされるような格好になっていました。

（私、電車の中で犯されてる！　立ちバックでおち○ちん入れられてる！）

もちろん私も彼も一糸まとわぬ全裸なのですから、そんなことはあり得ません。けれど全裸で立たされたまま犯されている自分自身の姿を見ていると、なんだかほんとうに目の前の姿見が、電車の扉のガラス戸のように思えてきて、私の興奮と快感をいやがうえにも高めるのです。

彼もまた、懸命によがり声をこらえて肩をふるわせる私に興奮してきたのか、やがて言葉もなく、ひたすらに腰を突き上げつづけました。それはどんな卑猥な言葉よりも雄弁に私にこの上ない快感を与えてくれました。

「うっ、むぅう……まさかここまで……ドスケベな女だったとはね」

背後から聞こえる彼の息遣いが、もうかなり荒くなっています。きっと彼も必死に射精をこらえているのでしょう。でもそれは私も同じこと、さっきから大きな快感の波が何度も押し寄せてきて、思いきり声を出して叫びながらイキたいと思っていたからです。

(イッて、あなたもイッて！　痴漢ち○ぽでいっしょにイッて！)

私の心の叫びが通じたのでしょうか、彼は背中から私を抱き締めるように腕を回し、腰をいままでにないほど高く突き上げたので、私の体は一瞬完全に宙に浮いていました。

「あぐぅうっ……！」

たまらずに声をあげると同時に、私はエクスタシーに達していました。

びくっ、びくっ、びくっ。鏡の中の私は身をふるわせ、股間からはだらだらといやらしい汁がこぼれ落ちます。そして私の中では彼のモノが熱い迸りを大量に吹き上げていました。

じわぁ……やがて私のおつゆに続いて白く濁った彼の体液も、二人の繋がったところから噴きこぼれてきたのです。こうして私と痴漢男との初めてのセックスは終わりましたが、二人の関係はいまだに継続中です。

二人の待ち合わせ場所はもちろん帰宅ラッシュの電車の中。私たちは示し合せたように同じ車両に乗って、彼が背後から私のお尻やおっぱいをさわってきます。ときどきは私たちの行為に気づいている人もいるようですが、私がまったくいやがるそぶりがないので、「年配カップルの変態プレイ」と見なされているようです。

そうしてたっぷりの痴漢前戯でアソコを濡らされてから、ホテルでじっくりたっぷりと濃厚なセックスをするのです。

ホテルの中は誰の目をはばかることもないので、時には人にはとても見せられないような体位で繋がったり、言葉責めだけでイカされることもあります。でもそういったプレイの一つひとつが、私の忘れかけていた快感を刺激してくれるのです。

夫も子どももいる、いい年をした女がおかしいと思う人もいるかもしれません。けれど、この年でこんな快感を再び味わえたという悦びのほうがずっとずっと大きいのです。いちおう言っておきますが、その痴漢男氏に対して、愛情めいたものはまったくありません。だって、なにしろ相手は痴漢なんですから。

でも、せっかく手に入れた快感をいまさらなかったことになんかできない。ただのくたびれた年増ＯＬでいるよりも、そのほうがずっと充実した人生が送れるような気がするんです。

だから私は今日も、彼の待ついつもの車両に乗って、彼の手が伸びてくるのを心待ちにしているのです。

地味な派遣社員をラブホへ連れ込んでみたらスタイルや反応、締まり、すべてが絶品で

中村祐作　会社員・四十歳

システム開発関係の会社で管理職をしています。

妻も子もある身ですが、我ながら女癖はよくないほうで、ときどきよその女と、性欲のためだけの関係を持ってしまいます。

仁美《ひとみ》は、そんな女の一人です。

歳は二十九歳。私が管理している課で働いている派遣社員の一人でした。

働きぶりは悪くありませんでしたが、けっして目を引く女ではありません。どちらかといえば地味でぱっとしない、少なくとも性の対象として見るような相手ではなかったのです。

ところが、あるとき課の親睦会《しんぼくかい》として開いた飲み会で、なんの拍子だったか、仁美がたまたま私の近くに座ることになりました。

そのころ、私はちょうど遊び相手が途切れていた時期で、むしょうに誰かとセックスしたい欲望がムラムラとたぎっていました。酔った勢いで、私はなぜか仁美を口説くような格好になってしまったのです。

仁美はあきれるくらい簡単に落ちました。というより、ほとんど何もかも私に言われるままでした。親睦会がお開きになって、こっそりと二人きりになってから、ほとんど一時間もたたずに私は仁美をラブホテルに連れ込んでいました。

「あ、あの、わたし、男の人とこういうことした経験、あまりなくて……」

仁美はガチガチに緊張して、小声でそう言いました。

こんな地味な女ならそうだろうな。

私は内心思いながらも、型どおりの口説き文句を並べながら、さっさと仁美の服を脱がせていきました。正直、チ○ポを突っ込んでさっさと射精できるなら、相手はどんな女でもよかったのです。

しかし、私のそんな考えは、仁美のブラウスを脱がせたとたん一変しました。

ふだんの野暮ったい服装からはまったくわかりませんでしたが、仁美はすばらしいプロポーションの持ち主だったのです。

優にFカップはありそうな爆乳。それでいて、きゅっとくびれたウエスト。ぷりんっと丸く豊かなヒップ。めったに出会えない、極上のエロボディでした。

不思議なもので、そうなると、メガネをはずしただけの仁美の上気した顔も、こころなしか色っぽい、いい女に見えてきます。股間のムスコも、思った以上に盛り上がってきました。

「いやらしい体してるんだね。すごくそそるよ」

「は、恥ずかしいです、課長……」

ブラジャーに包まれた爆乳を隠そうとする仁美の両腕を力任せにつかみ、私はその唇を貪ってやります。

「ふぅんっ……あふんっ……」

濃厚なディープキスに、仁美はたちまち興奮の兆候を見せはじめました。全身の肌が熱くほてり、じっとりと甘い汗がにじみます。ブラジャー越しにも、乳首がビンビンに勃起しているのがわかりました。

背後から抱くようにして、二つのどでかいおっぱいをブラの上から揉みしだいてやると、仁美はピクピクと体をふるわせ、さっそく「ああんっ、ああんっ」とスケベな喘ぎ声をあげるようになりました。

「いい声出すじゃないか。経験ないとか言って、ほんとはセックス大好きなんだろ?」

「そ、そんなこと……課長が、エッチなさわり方するから……やああんっ」

私は慣れた手つきで仁美のスカートをおろし、ブラジャーをはずします。

片手でつかみきれないほどの爆乳が解放されて、ぶるんと露《あらわ》になりました。こりっこりに硬くなった乳首が、物欲しそうに突き出していました。

私は仁美をベッドに押し倒し、ナマの乳房を両手で乱暴になぶってやります。ぎゅっと握ると、パン生地みたいに柔らかく真っ白な乳肉が、指のすき間からはみ出す豊かさです。

仁美の上にのしかかり、私は柔肉がたわわに溢れる乳房にむしゃぶりつきます。キリキリと硬く大きくなっている乳頭を口に含んでくすぐってやると、仁美は想像以上に激しく反応しました。

「あっ、ううーっ、課長っ、気持ちいいですぅっ」

仁美は体をのけぞらせ、爆乳を波打たせます。

私は仁美の腕をつかみ、強引に腋を広げさせました。想像どおり、腋毛の剃り残しが青々と残っています。男と縁がないという話はやはり本当のようです。

いい年して香水ひとつつけてない仁美の腋は、なまなましいメスの体臭がむっとするほど醸し出されていて、それがかえって私の欲情をさらにかきたててくれるのです。

「ふふっ。腋の処理、ちゃんとしてないんだね。若い女の子が、ダメじゃないか」

意地悪く私が言うと、仁美は泣きそうな声をあげて身悶えました。

「いやっ、そ、そんなとこ見ないでください、課長っ！　は、恥ずかしい」

私はわざと仁美の羞恥を刺激するように、じっくりとジョリジョリの残る腋に、舌を這わせてやりました。

うーん、ツンとくる汗ばんだニオイ、たまりません。代謝のよい二十代の若い女は、特に香りがキツくて最高の媚薬です。

「ゆ、許してくださいっ。そこは、そこはナメちゃいやですぅっ」

私はそのまま、仁美の全身を舐め回します。

乳房の谷間、おへそ、脇腹……舌はさらに下半身へと進みます。

男からこんなふうに肌を責められたこともないのでしょう、仁美はヒィヒィと喘ぎ、感じやすいポイントに私の舌が触れるたびに、ヒクンヒクンと全身を弾ませます。

私は唇と舌で、仁美の太もも周りをねぶりはじめました。

脚を大きく開かせ、ぷにぷにとやわらかな内ももを甘噛みしていると、黒々とした濃厚な陰毛に縁取られた仁美のマ○コが、ぱくりとこちらに向けて口を開けているのが見えます。

仁美の性器はもうすっかり赤く熱く充血し、物欲しげなヨダレを溢れんばかりに滴《したた》らせていました。

しかし私は、舌先を太もものつけ根あたりでわざとうろうろさせ、いちばん肝心な部分へはおあずけを食わせてやります。

私はこうやって、女を焦らすプレイが大好きなのです。

直接、マ○コを刺激してほしくてたまらない仁美は、淫らに腰を上下にうごめかせて、無言のおねだりをしてきます。

「んん？　どうしたんだい？　なにをしてほしいの？」

とぼけた私の問いに、仁美は声をふるわせます。

「あ、あ、あの……い、いじって、ほしいです……」

「どこをいじってほしいって？　ちゃんと言わないとわからないじゃないか」

声を振り絞って、仁美はなんとか口にします。

「あの、あの……女の子の、あの部分を……」

「それじゃわからないな。もっとはっきり言わないと」

羞じらいと焦れったさで、仁美はほんとうにすすり泣きを始めました。

「ひどい……課長、意地悪です。恥ずかしくて、言えません」

「言わないと、いじってあげないよ。知ってるよね？　ここ、なんていうの？」

私は太ももつけ根や陰毛の草むらを、指先でこちょこちょしつづけます。

清楚ぶった言葉とは裏腹に、仁美の陰唇は欲望にべろりと開き、ピーナッツほどにも隆起した真っ赤なクリトリスがムキッと顔を出しています。

とうとう仁美は、がまんしきれずあの淫語を口走りました。

「おま○こっ！　私のおま○こ、いじめてくださいっ！」

「よく言えたね。ほら、ごほうびだよ」

私は指先を、ねっとりと濡れた陰唇の縁へとすべらせました。

たっぷりと焦らされつづけた仁美は、たったそれだけの刺激で、電気ショックでも食らったみたいに腰をガクガクさせます。

「あっ。おぐっ。おおんっ！」

「おやおや、クリトリスがこんなに大きくなって。いつもオナニーばっかりしてるんだろう。こんなドスケベなおま○こにはお仕置きしないとね」

私は指の腹で、ピンピンのクリ豆をやさしくなでさすってやりました。

興奮が限界を越えていたのでしょう、ほんのわずかなクリ愛撫で、仁美は突然両脚をピーンと突っ張らせて、「はううううんっ！」と甲高い声をあげました。

次の瞬間、仁美はがくんと脱力し、ぜえぜえと息を荒げるのです。

「どうしたの？　もうイッちゃったの？」

私が尋ねると、夢うつつの表情で仁美はうなずきました。

「はい……すごく、気持ち、よかった、です……」

「こらこら。まだ始まったばかりだよ？」

私は仁美の股ぐらに顔を突っ込み、今度は口唇での愛撫を始めます。

「ああっ、課長、ダメですっ。わたし、おま〇こちゃんと洗ってませんからっ。汚いですからっ、そんなとこナメたらダメですぅっ」

仁美はかなり本気の力で手を突っ張り、私のクンニをやめさせようとしましたが、私はかまわずそれを押しのけ、愛液べっちょりのおま〇こに口をつけました。

自分で言うだけあって、そこは確かに汗と、チーズのような恥垢の異臭が匂い立っていましたが、私にとっては慣れたものです。

私はマンビラを舌でかき分け、膣の中から溢れるメス汁をじゅるじゅる音をたててすすってやります。クリ豆も口に含んで、痛いほど吸ってやります。

ほとばしる快感に、すぐに仁美の抵抗は止まりました。されるがままに股を広げ、いまにも白目をむきそうな顔で、みっともないヨガリ声をあげるばかりです。

「おひぃぃっ、ひゅごいっ、おま◯こ舐めてもらうなんて生まれて初めてですぅっ。あーっ、すっごく気持ちいいですぅーっ。またイク……またイッちゃうっ！」

私は執拗《しつよう》に、クリと膣を交互にねぶりつづけました。

すぐに仁美の腰が、弓なりにぴぃーんと反って、小刻みに震えだしました。

「ひぐっ！　ひぐぅぅ──っ！」

ぶしゅっと膣口から透明な熱い液が噴出し、私の顔を濡らしました。

性の刺激に慣れていない仁美は、あっという間に昇天してしまったようです。

私は仁美の顔をのぞき込みました。ひたいはびっしょりと汗に濡れ、涙さえ流していました。顔色は茹《ゆ》だったように真っ赤で、唇の端からヨダレが一筋垂れています。

「ああ……ああ……」

仁美の肉体は、まだふるふると震えつづけていました。

「イケた？」

私が尋ねると、仁美はこくこくとうなずきました。

「はい……じ、自分でする以外でイッたの、生まれて初めてです……」

「よかったね。今度は、ぼくのことも気持ちよくしてくれる？」

私は仁美の手を握り、さっきからギンギンに勃《た》っているイチモツに触れさせました。

「あ……課長の、すごい……」

仁美はおそるおそる、私の股間に顔を近づけました。

青筋立てた我がムスコは雄々しく天井を向いてそそり立ち、先走りで濡れた亀頭はすでにテカテカです。

「あの……あ、あんまり、じょうずにできないと思いますけど、がんばります……」

両手でそっと私のアレを捧《ささ》げ持つと、仁美はぺろ、ぺろと亀頭を舐めはじめました。

いかにもやり慣れていない、不器用な舌技でしたが、この初々しい感じも悪くありません。私は仁美の髪をなでてやりながら、「きんたまの裏も舐めるんだよ」「ゆっくり咥えてごらん」と男の悦ばせ方を一から教え込んでいきました。仁美はすべての指示に従順に従い、すぐにフェラのテクニックを身に着けていきます。

「そうそう、奥まで呑み込んで、口全体で吸うんだよ。ああ、気持ちいいよ、仁美」

苦しげにえずきながらも、仁美は懸命に私のペニスをしゃぶりつづけます。

こんなに熱心にご奉仕してくれる女もあまり経験がありません。地味な女も口説いてみるものです。

「すごくじょうずだよ。今度は、パイズリしてみようか」

やはり経験がなくて困った様子の仁美に、私はそのための体勢を指示して、たわわに揺れる爆乳の谷間にイチモツを挟ませました。

「こ、こう、ですか？」

「そうそう。あー、仁美のおっぱい、柔らかくて最高だよ。ほら、チ○ポにヨダレをいっぱい垂らして、ヌルヌルにして、おっぱいでこするんだよ」

仁美は唾液も大量に出る体質らしく、温かいヨダレがじゅるじゅると唇から滴り落ちて、乳房に挟まれた私のムスコを濡らします。

ねっとりとぬめるむっちり爆乳の谷間でイチモツをしごかれるのは、やはり無上の快感です。このまま発射して、こってり精液を仁美のおっぱいにぶっかけてやりたいという欲望がムクムクと高まってきました。

「うーん、仁美のおっぱい、たまらないな。このまま射精してもいいかい？」

「え……あの……」

仁美は表情を少し曇らせ、もの言いたげに口ごもります。私が「なに？　ダメなの？」と強めに詰問すると、仁美はパイズリを続けながらも、小さな声で言いました。

「その、さ、最後は、その、あっちで、してほしい、かなって」

「それじゃわかんないな。もっとハッキリ言わないと、してあげないよ」

私は勃起した自分のモノを胸の谷間から抜き出し、亀頭で仁美の顔をぺちぺちと叩きます。それでいっそう興奮したらしく、仁美は上ずった声で答えました。

「お、おち○ちん、入れてほしいです……」

「どこに入れてほしいの？　その部分を見せてごらん」

私の執拗な言葉責めに、仁美はおずおずと身を横たえると、私に向かって大きく股を開きました。

そして指でマ○コを押し広げ、ピンク色のうごめく膣肉を奥まで露出させました。

「こ、ここに……私のおま○こに、課長のおち○ちん、入れてほしいです……課長と、おま○こ、したいです」

「君、そんないやらしいこと言っちゃうんだ。とんでもない淫乱女だね。このまま生チ○ポ入れたら、仁美のおま○この中に精子出しちゃうよ？　それでもいいの？」

私はゆっくりと仁美に身を重ね、耳たぶをねぶりながらささやきます。

仁美はまたはぁはぁと呼吸を乱し、うなされたように答えるのです。

「は、はい……課長のおち○ちんで、おま○こ苛めてください。課長の精子、中にいっぱい出してほしいです」

私は亀頭の先端を仁美のワレメに押し当て、焦らすようにこすりつけてやります。

「ほら、おち○ちん入っちゃうよ。どうしようか。やっぱりやめる？」

仁美はせつなげに私を見つめ、激しくイヤイヤをします。

「課長の意地悪……は、早くください。課長のカチカチおち○ちん、根元まで全部入れてくださいっ……！」

私はじわり、じわりとイチモツを仁美のワレメの中へと没入させていきました。

すでにふやけそうなくらいたっぷりと濡れた仁美の性器は、熱々に煮上がった剝き身の貝のようでした。

腰を入れるだけ、かすかな抵抗があるだけで、ぬるぬると私のムスコを呑み込んでくれるのです。亀頭からサオまでみっちりと食いつくように締まって、思わず「うはっ」と声が出てしまう極上の快感マ○コです。

「あ、あーっ、入ってきた……課長のおち○ちん、すてきですっ。やあんっ、気持ちいい、気持ちいい、気持ちいいですぅっ」

まだ挿入を始めただけなのに、おそらく私の何倍もの快楽に酔っているのでしょう、仁美は歯を食いしばって身悶《みもだ》えています。

私は仁美の尻を抱えるように持ち上げ、マングリ返しの姿勢で、じわじわとさらに深くへとイチモツを進めます。

「ほら、見える？　仁美のマ○コに、チ○ポがどんどん入っていくよ」

「ああ、見えます……やだ、すごい……課長の大きいのが、わたしの中に……」

仁美は熱に浮かされたような目で、じっと自分の結合部を見つめています。根っからのスケベ女らしく、そのグロテスクな光景に、ますます興奮をたかぶらせているようです。

「そーら、もっと入るよ。ああー、仁美のマ○コは狭くて気持ちいいな」

なおも時間をかけて、私はソレを仁美の胎内深くへと沈めていきます。

「あっ、あっ、まだ入るんですか？　ああっ、そんな……課長の、大きすぎますっ。こ、こんなに奥まで入れたことないですっ。んんーっ、す、すごいっ。あああ、こ、こんな奥までぇ……」

私は腰をくねらせるようにして、亀頭を仁美のいちばん奥のスポットにぐりぐりと押しつけてやります。

「こんなところまでチ○ポ突っ込まれたの初めて？　どんな気持ち？」

「んっ、んん……ちょ、ちょっとこわいけど、あっ、ああ……気持ちいいですぅ」

なおも仁美に見せつけるように、私はゆっくりと、一度根元まで挿入したムスコを引き抜いていきます。仁美のマン汁がとろとろと糸を引いて、私のソレに絡みつきます。

「ピストンしてあげるからね。ちゃんと見るんだよ」

私は仁美の左右の太ももを抱えたまま、本格的に腰を入れてズンズンと出し入れを開始しました。

「やあーっ、おち○ちん出たり入ったりしてるの、全部見えます……課長のおち○ちんゴリゴリってすごいです……あっ、ひっ、すごすぎますぅっ！」

仁美は、プロポーションが爆乳ですばらしいだけでなく、申し分のない名器の持ち主でした。まるで処女のような締りのきつさばかりか、天井部分につぶつぶしたヒダがあり、それが出し入れのたびに絶妙に亀頭を愛撫してくれるのです。

まるで男から精液を搾り取るためだけに作られた芸術品のような膣でした。

仁美自身の感度も最高でした。

「ひぃぃんっ、課長のおち○ちん、いっぱいですっ。おま○この中で暴れてますっ。あんっ、あんっ、あんっ、すっごく奥にツンツンしてぇ……はあぁ～、おち○ちんがこんなところまで……こ、こんな気持ちいいの、初めてですぅっ」

二つの爆乳をそれ自体別の生き物のように振り立てながら、仁美は狂ったように喘ぎ、いやらしい言葉を吐き散らします。

「ああーっ、も、もうダメですっ！　そ、そんなところおち○ちんで苛められたら、わたし、もう無理……っ！　あっ、あはぁっ、ひっ、ひぐぅっ！」

仁美は首をのけぞらせ、ビクビクと肩をふるわせました。

膣奥は仁美のいちばんの弱点でした。ただでさえ前戯で二度イカされて性感が最高潮に鋭敏になっている仁美の体は、たちまち次の絶頂を迎えてしまったのです。

「おいおい、勝手にイッちゃだめじゃないか。ぼくはまだ全然達してないよ」

ぐったりと脱力しかけている仁美を、私はさらに容赦なく、さらにペースを上げてピストンします。

「あーっ、ごめんなさいっ。もう許してくださいっ！ こ、これ以上されたらおま○こ壊れちゃいますっ！ やんっ、やんっ、許してくださいっ！ あひぃ——っ！」

じたばたと手を振り回して悶絶《もんぜつ》する仁美ですが、もちろん私は自分の快感のための行為を止めるつもりはありません。

仁美の膣肉はイッたことでいっそうキュッと締りがよくなり、出し入れするほどにチ○ポがしびれるほど気持ちいいのです。私はまるでセックスを覚えたての少年に戻ったように、夢中で仁美のマ○コの快楽を貪っていました。

「ああーんっ、もう許してくださいっ課長っ！ おち○ちんゴンゴンしちゃいやあっ！ おち○ちん止めてっ、止めてくださいっ！ あーっ、またイッちゃいますっ！ イキすぎて頭おかしくなっちゃうっ！」

悲鳴をあげて懇願する仁美の手首を押さえつけ、私は自分の絶頂に向けて乱暴に腰を打ちつづけました。

仁美の名器はその間も私の分身に痛いほど吸い着き、快感は高まるばかりです。

私は爆乳の乳首にむしゃぶりつきつつ、最後の一突きで、イチモツを仁美の奥の奥へと叩き込みました。

次の瞬間、それまで溜めに溜めていた絶頂の汁が、ビュクッ！　とチ○ポから迸って仁美の子宮へと注がれます。

「うおお……くううっ、たまんないっ」

私はしばし我を忘れて、放出の喜びに身を任せていました……。

ほんのつまみ食いのつもりで口説いた冴えない派遣の女子社員が、これほどの楽しみを与えてくれるとは思いもよりませんでした。

その後も、仁美との関係は続いています。

仁美は聞き分けのいい女で、彼女にしてくれとか、いわんや女房と別れて結婚してくれなんて面倒なことはいっさい言ってきません。

そのかわりと言ってはなんですが、セックスだけは異常に求めてきます。

なにしろ仁美ときたら、私との一夜ですっかり快感中毒になってしまったらしく、仕事中でもおかまいなしに発情してくるのです。

幸い、私も性欲はいたって旺盛なほうですので、タダで使えるオナホのように仁美の体を便利に使わせてもらっています。

ちょっとの空き時間に用具倉庫でフェラ抜きさせたり、昼休み中に会議室でちょんの間のセックスを楽しんだり。残業でストレスが溜まったときなど、そのへんの空き部屋で仁美のマ〇コに生精液をぶち込んでやると、お互い最高にリフレッシュできるのです。

最近では、真っ昼間の勤務時間中に、仁美にノーパンノーブラでバイブを挿入させたまま書類整理をさせたり、時にはそのまま営業の外回りに連れ出すこともあります。

納期が近づいて仕事が溜まって死ぬほど忙しいときにも、「あの、課長……よろしいですか」などと言いながら、人目につかないようにスカートをめくり上げ、じっとり蒸れたマ〇コを見せつけて誘ってくるのはちょっと困りものですが……。

ともあれいまのところ、仁美は私にとって理想的な性欲処理係でいてくれています。そろそろ派遣会社の契約更新の時期ですが、裏から手を回して彼女の契約だけはしっかり延長させるつもりです。

変態露出プレイに病みつきになった私は、ジムで男たちの視線を一身に集めたところ

宮本沙織　主婦・四十一歳

私には不倫をしている男性がいます。

木山《きやま》さんとは近所にあるスポーツジムで知り合いました。私は四十一歳の主婦で、彼は三十九歳の独身サラリーマン。たまたま同じ時間帯に顔を合わせるようになり、声をかけられて自然な成り行きで結ばれました。

お互いに性欲を持て余した者同士です。一度火がついてしまうと、時間が許す限り体を求め合いました。

とはいえ私は不倫で家庭を壊すつもりはなく、セックスだけに割り切った関係です。

ただ彼には、ちょっと変わった趣味がありました。私を恥ずかしい格好にして、人前で見せびらかそうとするのです。

最初にそれを知ったのは、トレーニングを終えて二人で行ったホテルでした。

これからセックスをしようかというときに、彼が鞄から何かの衣装を取り出してこう言ったのです。

「ちょっとでいいから、これに着替えてみてくれないか」

てっきりコスプレでもさせるのかなと思っていたら、それは私がジムで着ているトレーニングウェアとよく似た衣装でした。

どうしてそんな見慣れているものを……と思っていると、サイズがずいぶん小さめです。上のシャツは胸がパンパン、下のトレーニングパンツもお尻がきつくて、はくのにも一苦労でした。

「ちょっと。これだいぶ小さくない？　窮屈で動きづらいんだけど」

「いや、これくらいでちょうどいいんだよ。こっちからだとすごくいい眺めだ」

と、私の後ろ姿を見ながら彼はニヤけていました。

もともと太り気味だった私はお尻のサイズも大きめで、下半身の肉を減らすためにジムで運動を始めました。それなのに彼はボリュームのあるお尻が好みらしく、わざと目立つようなウェアを用意してきたのです。

しかもただホテルで着せられただけではありません。その格好でジムにも連れていかれました。

もちろん私は恥ずかしくていやがりましたが、どうしてもという彼の要求に仕方なく応じました。

なにしろそのときの私は、夫とはまったくセックスがなく、彼しか抱いてくれる相手がいなかったのです。彼に出会うまではずっと欲求不満で、抱いてくれるなら誰でもいいとまで思いつめていました。

それだけに、彼の興味を失ってしまうわけにはいきませんでした。一度だけ言うことを聞いたら彼も満足してくれるだろう……そんな軽い気持ちだったのです。

いざ彼の用意したウェアで人前に出てみると、これが恥ずかしいのなんの。

私の裸を見慣れていた彼とは違い、ジムの男性たちの視線が強烈です。ふだんよりもジロジロと見られているのを感じました。

私は顔から火が出る思いで、どうにかその日のトレーニングを終えました。

「ずっと男たちに見られてたぞ。だいぶ興奮したんじゃないか」

「するわけないじゃない。こんな恥ずかしいことさせるのは、もうこれっきりにして」

と、私は着替えたウェアをつき返しましたが、彼は次に会うとまた別の衣装を用意していたのです。

こうして私は流されるまま、彼の選んだウェアを次々と着させられました。

最初に用意されたような、肌にぴったりしたシャツやトレーニングパンツはまだいいほうです。だんだんとエスカレートし、肌の露出が多めになっていきました。

たとえば肩や背中が露出したタンクトップタイプのシャツや、下は黒いスパッツといった、アスリートの女性が好んで着るようなものです。

こんなものを私のようなおばさんが身に着けるだけでも恥ずかしいのに、わざわざ人前に連れ出そうとするのですから、彼の趣味が理解できませんでした。私はあきれつつも、渋々従うしかありませんでした。

しかし、しばらくすると、私にも気持ちの変化が出てきたのです。

まず、これ以上みっともない体を見せるわけにはいかないと思い、本気でトレーニングに励むようになりました。

体を鍛えているうちに体重も減り、見違えるほどスタイルがよくなりました。そうすると自分の体に自信が持てるようになったのです。

次に、男性の視線を浴びていると、体が疼くようになってきました。最初はあれほどいやがっていたのに、見られているとつい変な気分になってしまい、あそこが濡れてくるのです。

どうやら私まで彼の趣味に染まってしまったようでした。いつしか彼に命令されなくとも、自分の意思で露出プレイを楽しむようになっていました。

平日の昼は彼も仕事で、ジムに行くのは私一人です。そんなときは彼に内緒で購入した、かなり大胆なウェアを用意しています。

上はおへそが丸出しの白いタンクトップ。下はこれもかなりお尻にぴっちりとした白いショートパンツです。

生地が薄く色も真っ白なので、お尻の形がくっきり浮かび上がっています。鏡で見てみると、お尻の谷間に食い込んでものすごくエッチです。

こんな格好、普通だったらとても恥ずかしくて人前に出られません。実際、彼に影響を受ける前だったら、絶対に着なかったでしょう。

私は更衣室で着替えると、ドキドキしながらトレーニング室に入りました。

すると常連の男性たちが、いっせいに私に注目するのがわかりました。ここでは私が大胆なウェアを着てくるのは、とっくに知れ渡っているのです。

いつものようにまず上半身を鍛えるマシンを使い、軽く汗を流します。

実はこの日、タンクトップの下はノーブラでした。これまではスポーツブラを着用していましたが、どうしても一度やってみたかったのです。

すると案の定、タンクトップの先がツンととがっているのを、近くにいた男性が見つけたようです。そばにいたもう一人の男性とこちらを見て、何やらヒソヒソとささやき合っていました。

きっと私がノーブラだと確認し、こっそり教え合っているのでしょう。そんな男性のいやらしい視線に、たちまち体が熱くなってきました。ニヤニヤとした表情を向けられたりすると、恥ずかしさと興奮が膨れ上がってきます。

汗でタンクトップが濡れてくると、乳首の形もくっきり浮かび上がってきました。その間に何人もの人が、私の前を通り過ぎていきました。さりげなくチラッと見ていくだけの人もいれば、あからさまにジロジロと目を向けてくる人もいます。

それだけで私のあそこはびしょ濡れです。いろんな人に見られていると思うと、乳首がますます硬くとがってきました。

ひとしきりメニューを終えたあと、私はしばらく休憩に入りました。

「こんにちは、奥さん。今日もがんばってるねぇ」

「あら、こんにちは。だいぶ汗かいたから、ちょっと休憩中なの」

声をかけてきたのは、よく見る常連の太田《おおた》さんという男性でした。年齢は四十代後半ぐらいで、ちょっと太めの体で脂ぎった顔をしています。

私はジムの隅っこにあるベンチに座って汗を拭いていました。ちょうどタオルで腋の下を拭いているときで、太田さんの視線もそこに感じました。

「ところで今日は旦那はいないの？」

「ええ。ちょっと仕事が忙しいみたいで……」

不倫中だとバレるとまずいので、木山さんは夫ということにしておきました。

もともと太田さんは、女性ばかりを眺めているスケベオヤジです。今日は私に連れがいないので、チャンスだと思って近づいてきたのでしょう。

しばらく二人でなにげない会話を交わしながら、さりげなく胸の谷間にもタオルを押し当てます。わざとタンクトップを引っぱり、乳首が見えるようにしてあげました。

そうすると太田さんの目は、はっきりとそこに向けられていました。

私は気づかないふりをしつつ、内心はゾクゾクと興奮しっぱなしです。私にとってもこれほど近くで見てくれる男性がいるのは好都合でした。

「それにしてもいい体に仕上がってるねぇ。足なんかも引き締まってるし。二十代みたいに若い体だよ」

「ほんとう？　どうもありがとう」

隣に座った太田さんは私の体をほめながら、筋肉チェックのふりをして下半身をいやらしく観察しています。見ているだけですが、手を出したくてたまらない、そんな顔をしていました。

それならばと私は、もう少しサービスをしてあげることにしました。

「ほんとうは足よりもお尻に自信があるの。近くで見てみる？」

そう言うと、今度は私から立ち上がってお尻を向けてみせたのです。

きっと太田さんも、いきなりお尻を目の前に向けられて、さぞかし驚いたのではないでしょうか。

「い……いいねぇ。すごく引き締まって魅力的なお尻だよ」

私のヒップは鍛えてあるので大きさも形も自信があります。だいぶ汗もかいて動いたので、ショートパンツも相当に食い込んでいたはずです。

すると見ているだけでは我慢できなくなったのか、太田さんの手がさりげなくお尻をなではじめました。

「あら、さわっていいなんて言ってないのに」

「いいじゃないか、ちょっとだけだよ」

なんて、スケベオヤジ丸出しです。いくら近くに人の目がないとはいえ、堂々と人妻の体をさわるなんてかなり大胆です。

もっとも私も手を払いのけたりせず、好きなようにさわらせたままです。

まるで痴漢のようにお尻をなでられていると、なんだかあそこが疼いてすぐにでもセックスをしたくなってきました。

「ねぇ、これから時間ある？」

私はまだお尻をさわっている太田さんに、振り返ってそう聞きました。

「え？　ああ、時間ならだいじょうぶだけど」

「じゃあ、ついてきて」

そう言うと、有無を言わさずに彼の手を引っぱって、トレーニング室の外へ連れ出したのです。

太田さんは「おいおい、どこに行くんだよ」と困惑していましたが、かまわずに女性用の更衣室の前へ連れてきました。

このジムは更衣室のすぐ隣に男女のシャワー室が設置してあります。実はこのシャワー室は昼間はほとんど利用する人がおらず、人目にもつきにくいので、木山さんとも何度かホテル代わりにしたことがありました。

私は念入りに人がいないのを確かめ、女性用シャワー室の中にまで太田さんを引っぱり込みました。

「奥さんえらい度胸してるなぁ。こっちは誰かいるんじゃないかと思って冷やひやしてたのに」

突然、こんな場所に連れてこられた彼もあきれた顔です。

そのまま仕切りに囲まれた個室に二人で入り、すかさず私はタンクトップを脱ぎはじめました。

ここまできたらグズグズしている暇はありません。一刻も早く体の疼きを解消するために、太田さんとセックスすることしか考えられなくなっていました。

「ちょっ……まさか、ほんとうにここでヤラせてくれるのか？」

「私としたいんでしょ？　遠慮しないでいいのよ」

太田さんは驚いた顔はしていましたが、踏みとどまるつもりはなさそうです。すぐに彼も着ているシャツを脱いで裸になってしまいました。

ショートパンツの下は、小さなＴバックの下着です。脱ぐと内側に大きなシミが広がっていました。

それは汗ではなく、私がトレーニング中に見られながら流していた愛液です。私はすっかり露出の快感に目覚め、濡れやすくなっていました。

全裸になった私を見た太田さんは、感心したように「おおっ」と声を出し、顔を近づけてきました。

「こんなにいい体した人妻を抱けるなんて最高だよ」

うれしそうに言いながら、私の肌に顔を埋《うず》めて舐めはじめます。

タオルで拭いただけなので、私の体は汗臭いままです。それでも首筋から腋の下まで、たっぷり舌を這わせてくれました。

「ああ……」

そんないやらしい舌遣いに、私もうっとりと声を出してしまいました。

同時に手が胸に伸びてきます。ずっととがったままの乳首をつままれ、あそこまでキュンと疼きました。

「この乳首、わざと男たちに見せつけてたんだろう。みんな噂してたぞ。あの奥さんはいつもエロい格好して見られたがってる変態だって」

やはり私の露出好きは、とっくに知れ渡っているようです。そういうふうに見られても、このスリルと刺激はやめられません。

太田さんの手で私の胸は荒々しくもみしだかれました。優しい手つきよりも、少しくらい強引にされるほうが私は感じます。

「ンン……」

唇も奪われた私は、ねっとりと舌を絡みつかせてあげました。

ちょうど下腹部のあたりに、太田さんのペニスの先があたっています。私はキスしている最中も腰を押し当てて、ペニスの硬さや大きさを確かめていました。

すると太田さんまで、私のあそこを手でまさぐりはじめました。

「おっ。ずいぶん濡れてるな」

まだ軽く愛撫しただけなのに、ここまで濡らしているとは思わなかったのでしょう。

ヘアの生えた場所や、股間全体をまとめてさわっていた指は、そのまま奥まで入ってきました。

「じゃあ、奥さんのマ○コの中がどんなものか、チェックしておこうかな」

太田さんはそう言って、指を動かしてあそこの締まりを確かめています。

「あっ、ああっ……」

たちまち快感が全身に広がりました。そこはトレーニング中からずっと疼きっぱなしで、ちょっとした刺激にも敏感になっています。

「さすが鍛えてるだけあって、だいぶ締まりはいいねぇ。こりゃ入れたら気持ちよさそうだ」

「んっ、そうでしょ。体には自信があるから……んんっ、そこっ」

「ここが感じるのか」

と、子宮に近いところを指先でグリグリされ、私は「ああんっ！」と喘いでしまいました。

あまり声が大きいと、近くを通る誰かの耳に入ってしまうかもしれません。気をつけなければと思いつつ、指の動きに声を抑えきれませんでした。

「あっ、ダメ……そんなにされると、指だけでイッちゃう」

「遠慮するなよ。イクところ見せてみろ」

さらに激しく指を出し入れされ、もう立っているだけでせいいっぱいです。

私は片手で太田さんにしがみつきながら、反対の手でペニスをしごきはじめました。とても硬くて立派なそれは、指よりももっと深いところをえぐってくれるに違いありません。

そう思うと我慢できなくなり、私は喘ぎながらこうおねだりしました。

「ねぇ、お願い。これを咥えさせて」

すると太田さんはうれしそうに「しゃぶってくれるのかい」と、あそこから指を抜いてくれました。

実はセックスだけでなくおしゃぶりも大好きです。これをしないと、どんなに体が欲しがっても本番をするのに物足りないのです。

ピンとそそり立つペニスからは、私の好きなムンムンする匂いがしました。

しゃがみ込んだ私は、それをうっとりと嗅ぎながら、舌を亀頭に這わせます。

「スケベな奥さんだなぁ。こんなおいしそうにチ○ポしゃぶってるとこ、旦那に見せてやりたいよ」

きっと木山さんを思い浮かべてそう言っているのでしょう。私たちが本物の夫婦でないと知ったら、どんな顔をするのでしょうか。

ペニスを口に含み、たっぷり舌を使って、のどの奥まで吸い込んであげます。きれいに舐め取ってあげたので、蒸れた匂いもなくなりました。そのかわりに私の出した唾液をたっぷり塗《まぶ》してあります。

唇を動かしていると、太田さんは気持ちよさそうに私の髪をなでてくれました。

「ううっ……そろそろ入れさせてくれよ」

あまりに私が激しく吸い込むので、彼も我慢できなくなったのでしょう。

ペニスを口から離した私は、立ち上がって壁に手をつき、お尻を突き出しました。

「このまま生でヤッてもいいのか」

「ええ。中に出しちゃってもいいから、思いきり楽しんで」

避妊に関してはピルを飲んでいるので、どれだけ中出しをされてもオーケーです。

私の言葉に興奮したのでしょう。太田さんは「よし」と私のお尻を強引に押し広げると、ペニスをグイッと突き立ててきました。

「ああっ……！」

その荒々しい挿入に、また大きな声を出してしまいました。

「こりゃすごい。思っていたよりも、ずっと締まりがいい」

背中から私を貫きながら、体ごと抱くように腰を押し当ててきます。

根元まで入ってしまったペニスは、かなり深い場所に達していました。さっき指で刺激してもらったとき、届かなかったポイントです。

「あっ、はぁっ……！　そこ、いいっ」

彼の腰が動くたびに、体の奥から快感が広がりました。

ふだんのセックスでも、ここまで感じることはありません。初めての相手だからか、それともいつも以上に興奮しているからか、理性を見失ってしまいそうでした。

「あんまり大きい声出すなよ。外に聞こえるだろ」

小声でそうささやかれ、私はハッとなりました。気づかないうちに喘ぎ声を抑えることも忘れてしまっていたのです。

太田さんは「しょうがねぇなぁ」と、片手の指を私の口に咥えさせました。これで声が出ないように我慢しろと、そう言いたいのでしょう。

私は口に入ってきた指にしゃぶりつきながら、あらためてピストン運動を受けました。

「ンッ、ンンッ……ンンッ!」

私の声はだいぶ抑えられるようになりました。そのぶん、舌を指に絡みつかせます。よだれが指を伝って私のあごにも流れ落ちました。

私が感じれば感じるほど、太田さんの動きも激しくなっていきます。

「ああ、たまんねぇなぁ。今日はほんとうにツイてる」

背中から荒い息を吐きかけられ、お尻も強くもみしだかれました。

かなりのサイズがあるだけに、もみごたえがあるのでしょう。指が食い込んで痛いほどです。

もともと私は人一倍セックスが好きなうえに、露出で濡れてしまうほどマゾっぽい性格です。乱暴に扱われていると、無理やり犯されているような気分で燃えてきます。

私もお返しに指を軽く嚙んでみますが、気持ちよさで体に力が入りません。立っている足もふらつきそうになっています。

私は体を支えるために、壁に向かって前のめりになりながら、体が絶頂に近づいているのを感じていました。

「ンンンッ……！」

「おっ、また締まりがよくなってきたぞ」

のどに指を押し込まれて息苦しいのに、それさえ自然と受け入れられました。だんだんと目の前も真っ白になってきます。

もうあと少しでイキそうになっていると、太田さんも苦しそうに「おおおっ」と声を出しています。

私にはそれが射精が迫っているサインだとわかっていました。私もそれに合わせてお尻を揺らし、なんとか自分も間に合わせようと必死でした。

「あぁっ、出るっ！」

太田さんが叫ぶと同時に、私の体にも絶頂の波が押し寄せてきました。

あそこの奥でドクドクと精液が注がれているのがわかります。太田さんは射精が終わるまで、きっちりと腰を押しつけたままでいてくれました。

「ああ……」

ようやく口から指を抜いてもらった私は、溜まった唾液といっしょに大きく息を吐き出しました。

あそこからは中出しされた精液も床に垂れ落ちています。荒々しいセックスの余韻のなかで、私は深い満足感に包まれました。

これ以降も、私は何人かのジムの男性と関係を持ちました。相変わらずセクシーなウェアで、露出を楽しむことも忘れてはいません。

しかしそろそろ新鮮味もなくなってきたので、いまのジムを退会して別のジムに移ろうかと思っています。

そこで私の姿を見た男性たちは、どんな反応をしてくれるでしょうか。いまから楽しみでなりません。

男勝りのキャリアウーマンもセックスのほうはメチャクチャに責められないとイケなくて

広瀬美貴　会社員・二十九歳

私は背が高くないんですが、中学高校とバレーボール部でした。幼いころから負けず嫌いの性格なので、すごく真剣に取り組んでいました。中学三年のときは県大会の決勝まで勝ち上がりました。高校では二年、三年と春の全国大会に出場しました。一回戦で負けちゃいましたが。

それでバレーとはサヨナラしたんです。大きい理由は体の変化。高校に入ったら、だんだん胸とお尻が発達して、重いし、揺れるし、ジャマになってきて……これ以上選手としてレベルの高いプレーができるようにはなれないと感じていたんです。

だったらもうバレーはやめて、受験勉強にシフトしたほうがいいだろうと思いました。

女になっていく体に合わせて髪も伸ばしてみました。

それまでずっとショートカットでジャージばっかり着てたんですけど、ミニスカートの制服で過ごすようになりました。下着もスポーツブラ&ショーツしか持ってなかったんですが、女子っぽいファンシーなやつを愛用するようになりました。そうしたら、自分が別人になったみたいでワクワクしたんです。

それに男子の視線がめちゃくちゃ変わりました。なんかこう舐め回すというか、妄想してるというか、エロいこと考えてるのが見えみえなんです。

だけど、中身は負けず嫌いで男勝りな性格のままですから、男子に媚《こ》びるような話し方や仕草なんてできませんでした。

でも私だって男子やエッチに興味がなかったわけじゃありません。いえ、いっぱいありました。部活を引退してからは体力も持て余し気味で、いつもムラムラしていたような気がします。正直、セックスしたくて仕方なかったんです。

だから女子っぽく変身したという部分もあるんですが、男子たちはエロい目で見るだけでした。もっとこうガバッと、強引にエッチなことを迫ってくる男子がいるんじゃないかと思ったんですが、いませんでした。

何人かに「つきあってください」って告白されましたが、彼氏は欲しくなかったんです。逆に受験勉強の妨《さまた》げになると思ってました。

でもセックスしたことがないと、四六時中それぱっかり考えちゃって、勉強にも集中できません。だから自分で相手を探すしかなかったんです。

高一のときから同じクラスで気が合うというか、なんでも話せる吹奏楽部の男友だちがいました。その子に思いきって言ってみたんです。

「私とエッチしたい？」

彼は頭がもげるんじゃないかと思うほど、ブンブン首を縦に振りました。

そして、童貞と処女で初エッチしました。二人ともキスも初めてでした。挿入は痛かったけど、手でアソコをさわられるのがすごく気持ちよかったんです。

「こ、こんな格好するの？」

「おかしいな、ここでいいはずなんだけど」

四苦八苦しましたが、なんとかセックスすることができました。

それから私たちは毎日のようにエッチしました。

すぐに挿入も気持ちよくなりました。

初めて出会った高一のとき、私は男勝りでバリバリの体育会系女子。彼は吹奏楽部のおとなしい文化系男子だったので、私のほうが立場が強かったんです。

ところがセックスになると立場が逆転するんです。

「ダメダメ、そんなに激しく……あっ、あっ、いい、もっと激しくしてーぇ」

私は女を丸出しにして、激しい愛撫で責められてメチャクチャにされるのが好きでした。エッチのときだけは甘え声で体をクネクネさせることもできました。

「美貴《みき》、またオッパイ大きくなったんじゃないか。こんなに柔らかいし」

彼も興奮すると別人みたいに男っぽくなって、ギュッ、ギュッともんだり、アソコに指を入れて強烈な出し入れをしてくれたりしました。

「ほら、美貴の好きなバックで入れてやるから、四つん這いになれよ」

恥ずかしい格好でガンガンに突かれると何度もイッてしまいました。

そして、夏休みのことでした。その男友だちが「彼女ができたからもうエッチできない」と言い出したんです。私と毎日のようにセックスしてたのに、いつの間に？

そう思いましたけど、そんなことを詮索《せんさく》しても仕方ありません。

もうエッチなしでは我慢できなくなっていた私は、次の相手を見つけるしかなかったんです。それは意外なほど簡単でした。声がいいなと思っていたクラスメイトのメアドを知っていたので《ちょっと会って》と呼び出して、また「私とエッチしたい？」って聞いたら一発でした。新しい男子とエッチするのも興奮しました。

そうしたら、もっといろんな男子とセックスしたいって思うようになっちゃって、それから卒業まで次々と「私とエッチしたい？」作戦を実行したんです。

そうやってセックスしていたから、私は目標にしていた国立大学に合格できたんだと思います。性欲が満たされていたからこそ勉強に集中できたんです。

大学には全国から成績優秀な学生が集まってきました。そこでも私は一所懸命勉強しました。負けず嫌いの性格はいくつになっても変わらないようです。

そして、そのまま東京で誰でも名前を知っている大手商社に就職しました。

その会社でも私は、同期入社の男子社員たちの何倍も仕事をこなしました。二十代で課長職についているのは、男女関係なく同期で私一人です。

周りから見れば、絵に描いたようなキャリアウーマンなのかもしれません。

私も自己演出はしています。いつも、テレビドラマに出てくるやり手ＯＬみたいに、体にぴったりしたビジネススーツにヒールの高いパンプスをはいてます。社内でも取引先でも男性のエロい視線を感じない日はありません。男の人のそういうところも、いくつになっても変わらないんでしょう。

そんな私もアラサーというか、今年でジャスト三十歳になります。

結婚するならそろそろですよね。彼氏はいるんです。大学時代のゼミの先輩です。二十歳のときからつきあってるんで、もう九年になります。すごく尊敬できる人で、後にも先にも私が恋愛感情を持った男性はその人だけなんです。

結婚するなら彼しかいないと思っています。でも、いまいち決心できないのは彼がやさしすぎるから、私が甘えちゃってダメになるような気がするんです。

しかも彼は、炊事、洗濯、掃除と家事も完璧で……。

でも、ほんとうに結婚を躊躇《ちゅうちょ》している理由は彼のセックスです。彼はセックスまでもやさしすぎるから、彼とのセックスでイッたことがないんです。

だから、私はついつい仕事で知り合った男性を性の対象として見てしまいます。個人のアドレスを交換して公私混同のコミュニケーションを取ってしまうんです。

《商談を兼ねて……たまにはお酒でもいかがですか》

なるべく距離の近いカウンターの店を選んで、少しお酒が進んだら酔ったふりをします。いつもとは口調も変えて際どい話をしちゃうんです。

「私、ちょっと変な願望があってぇ、一度、下着を着けずに出社してみたいんですぅ。仕事中もノーパンノーブラでいたらぁ……どんな気分になるのかなって」

そんな話をしてると相手の男性も目をギラギラさせて興奮してくれます。

高校時代の「私とエッチしたい？」作戦をちょっとテクニカルにした感じなんですけど、私ももう大人ですから、あのころみたいに即ハメはしません。その日は抱き合って舌を絡めるぐらいにして、別れてからすぐにメールを送ります。

《今度お会いするときは、私、下着を着けていないと思います》

それでいままでセックスできなかった男性はいません、既婚者でも。

私が望むような激しい愛撫で責めてくれるのは、三十代、四十代のまじめそうなサラリーマンが多いです。会社では中間管理職で上と下の板ばさみ。家庭は子どもがまだ小さくて奥さんがヒステリー気味。めちゃくちゃストレスを抱えてる人が多くて、それを私にぶつけてくれるのかもしれません。

今年になってからは、この作戦で二人の男性とエッチしました。

一人目はお菓子メーカーの部長さんで五十代半ばの男性です。二人で新年会をしましょうと誘いました。実際、大きなプロジェクトも進んでいるので、密着攻撃で焦らしながら、後日、うちの会社で打ち合わせすることを約束しました。

《弊社の応接室は防音密室です。施錠すれば何をしても外に知られることはありません。打ち合わせは二人ですので、私が襲われても仕方ないと思います。多少抵抗するかもしれませんが、遠慮なさらずに欲望を発散していただければ幸いです》

打ち合わせの前日にそんなメールを送りました。

翌日、部長さんを応接室に案内すると、すぐに彼が鍵をかけました。

私はソファのところで彼に背を向けて立っていました。部長さんが鼻息を荒くして近づいてくるのがわかりました。いきなりお尻の肉がギュッと握られました。

「キャッ……こ、困ります。やめてください」

少し抵抗したほうが男の人は興奮して責めてくれるので、そうしてます。

「ああ、なんて柔らかいんだ」

部長さんの手がムギュッ、ムギュッと私のお尻をもみしだきました。

「そ、そんな……あっ、あっ、そんなに激しく……」

「だって俺、広瀬《ひろせ》さんに初めて会ったときから、こうしたかったんだ」

「いやっ、ダメ……乱暴にしないでください」

人生経験豊富な部長さんも、私に合わせてくれているようでした。

「くぅ、想像してたより、ずっと柔らくて気持ちいいよ」

そう言うと私を振り向かせて、正面から抱き締めてきました。今度は向き合ったまま私の背後に両手を回して、お尻をもみはじめました。

「あれっ……広瀬さん、パンティをはいてないじゃないか」

そして唇をねっとりと重ねてきました。口の中に舌が分け入ってきました。ねばるようなディープキスをしながら、左右のヒップのふくらみをもみくちゃにされました。お尻の割れ目が閉じたり開いたりして、アナルまで引っぱられました。そのたびにネチャッ、ネチャッと発情したアソコの感触が伝わってきました。

「んん、むぐぐ……ぶじゅぅ」

ヒップをもみしだかれる反動で、私の股間がグイッ、グイッと前に突き出て、タイトスカートに浮かぶ恥骨のふくらみに、熱くて硬いモノが押し当たってきました。

私より二回りも年上なのに、若々しい精力が伝わってきました。

すると部長さんの指がタイトスカートをたくし上げていくのがわかりました。抵抗する間もなくノーパンのお尻が剝き出しになってしまいました。左手で生のお尻をなで回しながら、右手を私の下腹部から太もものつけ根に向かわせてきました。

「どうして、こんなにグチャグチャなんだい?」

内腿に分け入った部長さんの指が、女の割れ目をいじくり回しました。ネチャネチャとろけるチーズをかき混ぜるような音がわき上がってきました。

「ち、違うんです……それは……あぁぁっ!」

剝き出したクリトリスをいじられて、下半身をビクビクと弾ませてしまいました。

「広瀬さんはすごく知性的な顔をしているのに、こんなにエッチなオマ◯コをしてるなんて、なんだか顔とオマ◯コが別人みたいだね」

「や、やめてっ……ください。そんな言い方」

私は自分の股間から響く淫らな音をごまかすように、部長さんの股間に手を伸ばし、ベルトをはずしトランクスを引き下げて、ペニスをギュッと握りました。

「部長さんだって、こ、こんなに大きくなってますわ」

カリの張った亀頭を両手で包んで、せがむようにこすり回していると、膣口を探り当てた部長さんの指がヌメヌメッと入ってきました。

「す、すごい、広瀬さんのオマ〇コの中、ミミズが動いてるよ」

「ミ、ミミズって……イヤです、そんなの」

立ったまま互いの性器をいじり合い、私は頭の先まで快感でしびれていきました。

「こんなオマ〇コに入れたら……どうなっちゃうんだろう」

「じゃ、じゃあ、入れてみればよろしいんじゃないですか」

そう言いながら、私はソファの背もたれに両手を着いてお尻を突き出しました。タイトスカートは腰の上までめくれているので下半身が丸出しでした。

「ノーパンでそんな格好して……立ちバックで突かれるのが好きなんだね」

そう言うと、部長さんがお尻の肉をわしづかみにしてきました。そのままヒップの割れ目をぱっくりと広げて、熱い亀頭を膣口に宛がってきました。

「そ、そうです……そこに、入れてみてください」

私が両脚を踏ん張って待ち受けると、グジュッと一気に奥まで貫かれました。

「あうぐっ、すごいっ！」

部長さんは入れ具合を味わうように、大きい振幅で出し入れを繰り返しました。

「くうっ、きついのに……ミミズがまとわりついてくるよ」

それからラストスパートのような激しい突き入れを始めてくれました。

「あぁぃーっ！ ぐっ、はあっ、あいぐぅっ」

私がどんなに大きい声を出しても応接室の外には聞こえません。そうわかっていても、そこが会社の中だと思うと、私はいつも以上に興奮してしまいました。

「ああぁー、広瀬さんが……こんな淫乱だったなんて」

部長さんはそんなことを言いながら、続けざまに下腹部を私のお尻に打ちつけて、ペニスを私の中に突き入れてきました。生々しい挿入音と、湿った肉のぶつかる破裂音が、会社の応接室に響き渡っていました。

「あぁ、広瀬さん、もう出そうだ」

「いいですよ、そのまま……私もイク、イクッ！」

そして大量の精液を、私の奥深くに放出されたんです。

もう一人の男性は私よりも若い二十六歳で、流通系企業の営業マンでした。

大学までラグビーをやっていたというバリバリの体育会系です。去年、日本はラグビーのW杯で大いに盛り上がりましたが、あの日本代表チームの中にいても、遜色ないくらいの立派な体格をしています。名刺交換したときから、私のエッチなターゲットでした。

会うたびに距離をつめて二人で飲みにいくと、彼には相思相愛の彼女がいると知って、私の中にはさらに淫らな炎が燃え上がってしまいました。

「そうなんだ……残念。彼女がいなかったら、私が立候補しようと思ってたのに」

そして、いつものように酔った女の顔になって言いました。

「私ね、ベッドの上ではすごくMっ気が強くて、イラマチオって知ってる？　のどの奥までグイグイ入れられるフェラチオなんだけどね。それとか、四つん這いで激しく出し入れされながら、お尻をぶたれるスパンキングとかが好きなの」

彼は目を白黒させていましたが、体中から発散される男臭を感じました。

それから間もなく二度目の飲みに誘うと、秒でオーケーの返事がきました。もうお互いやる気満々なのはまちがいありません。私は次のようにメールしました。

《○○ホテルの五○七号室に来て》

私はもう彼とのエッチが待ちきれなくて、ご飯やお酒なんてのどを通らないので、自分でちょっと高いホテルのダブルベッドの部屋を取ったんです。

彼から《わかりました》と返信がきたので、もう一度返信しました。

《オナニーしながら待ってるわよ》

そして私は全裸になってベッドにもぐり込み、オナニーしながら待ったんです。部屋のドアにはストッパーをかけて彼が入ってこれるようにしておきました。

自分のやってることに興奮して、私のヴァギナは信じられないほどグチャグチャに濡れて、彼が来る前に何度もイッてしまいました。

すると、ドアのほうから彼の声がしました。

「広瀬さん、いるんですか？」

「ハァ、ハァ、こっちよ」

とまどうような顔で彼がでベッドの足元にやってきました。

「ほ、ほんとに……してるんですか？」

「布団、めくっていいわよ」

彼がゆっくりと布団を横にめくっていきました。そのとき私は左手でクリトリスをいじりながら、右手の中指と薬指を膣の中に挿入していたんです。

彼が目を見開いて私の股間に視線を注いだ瞬間、私は二本の指を激しく出し入れしました。ブジュブジュ、ブジュブジュと淫らな音が部屋に響きました。

「そ、そんな……広瀬さんが、そんな……」

立ちすくんで見つめる彼の顔が、瞬《また》く間に真っ赤に紅潮していきました。

「あぁッ、またイッちゃう……ね、はやく服を脱いで」

彼がアタフタと裸になると、服を着ているときの何倍も逞しい肉体が現れました。いまでも趣味でラグビーをやっているそうですが、ほんとうにすごいんです。何か違う生き物としか思えませんでした。しかも、すでに勃起していたんです。

「す、すごいね。どうして、そんなに大きくなってるの？」

「いや、だって、広瀬さんのオナニーを見たら……」

「うれしい、興奮してくれたのね。こっちにきて、私にもよく見せて」

彼がベッドに登って私の前に仁王立ちになりました。私は起き上がって女の子座りになりました。目の前に勃起したペニスがやってきたんです。

それは、それまで私が経験してきた数多くのペニスの中でも、抜きん出た迫力がありました。太さも長さも目を見張るほどでした。しかも反り返っているんです。

私はふらふらと巨根の名にふさわしい彼のペニスに手を伸ばしました。

「あぁん、こ、こんな……こんなの見たことない」

ドクドクと脈打ち、火傷《やけど》しそうなほどの熱が伝わってきました。カリ首の張り出した亀頭も、血管の浮き立つペニスの幹も、鍛え上げた筋肉のようでした。

「ねえ、入れてみて。全部入らないと思うけど」

そう言って私は口を大きく広げました。彼が私の頬に手を添えて狙いを定めて入れてきました。亀頭だけで口の中がいっぱいになったように感じました。遠慮がちにそれ以上入れようとしない彼に、私は一度口を離して言いました。

「もっと奥まで。私の頭を押さえて、のどまで入れていいの」

「そ、それって、イラマチオっていうやつですね」

「そうよ。私が苦しそうにしても、そのまま十秒数えてから抜くのよ」

「は、はい、じゃあ……やってみます」

彼が私の後頭部に両手を回して、グイッと腰を押し出すと、一瞬でのどが塞《ふさ》がれて息ができなくなりました。素直な彼は私が言ったとおりに十まで数えてからペニスを抜きました。それが何度も繰り返されて、そのたびに私は「ブフッ」と息を吐き出し、ダラダラと唾液を垂れ流したんです。

イラマチオはだんだん頭の中が真っ白になって、トリップできるところが好きなんです。ほんとうに気を失いそうなところで、私は四つん這いになりました。

「入れて！　それから、どうすればいいかわかってるでしょ」

「あ、はい」と言って、彼が大きい亀頭を膣口に宛がってきました。

そのままヌメッ、ヌメッと膣壁を押し広げて、少しずつ入ってくる様子が目に見えるようでした。十二分に濡れているのに穴をみっちりと塞がれてしまいました。

「口に入れてるときより、ずっと……お、おっきい」

「あぁぁーっ、広瀬さんッ！」

彼が大声を発して、グチャッ、グチャッとねばった音が聞こえてきました。

「うぐっ、いきなり……そんなに激しくぅ」

彼のペニスの大きさもさることながら、ラグビーで鍛えた筋肉を使っての強烈な突き入れは、並みの男性とは比べものにならないものでした。続けざまに電流のような快感が私の背筋を走り抜けて、お腹の中まで貫かれているようでした。

「ああっ、あうっ、こんなの……壊れちゃうぅ」

彼が突進するような勢いで、私を貫いてくるたびに、ブジャッ、ジュボッと聞いたこともない淫らな挿入音が、ホテルの部屋に響き渡りました。

「ああうっ！　そんなに奥まで、アッ、あうぐっ」

私はその強烈な快感がもっと欲しくて、淫らに喘ぎ、上体を突っ伏して、グッ、グッとヒップを突き出していました。その瞬間でした。

パシーン！　と、何かが破裂するような音が鳴り響きました。

「ヒッ！……グウゥ」

ええ、彼の手のひらが私のヒップを容赦なく打ち抜いたんです。しびれるような刺激が四肢の先まで広がりました。すぐさま、バシッ！　と打ち抜かれました。

「あうんっ！」

自分の声に媚《こ》びるような艶《なまめ》かしさを感じました。それが彼にも伝わったのか、激しい出し入れとともに、続けざまにヒップへの平手打ちが繰り返されました。

「あぁっ、もっと、いっぱい……ああっ、イッちゃいそう」

そして私は、スパンキングの刺激で頭の中が真っ白になっていったんです。

こんなに淫らなセックス、彼氏や夫とはできないと思うんです。だから私の仕事とセックスの一挙両得行為は、しばらくやめられそうにありません。

第四章 女たちの誘惑に抗う術はなく……

おっぱいを密着させて勃起したペニスを念入りにご奉仕するマッサージ師の魂胆

田中良子　マッサージ師・五十歳

都内にある某岩盤浴のサロンでマッサージ嬢をしています。もうすぐ五十歳になるのですが、いままで働いていた会社の中でもそろそろ居場所がなくなってきて、でもいちおう、貯金もある程度はできたので、このへんで思いきって第二の人生を歩こうと思ったのです。

ただ、生活の心配はないのですが、やはり働いてないと不安なので、何か私にもできる仕事はないかといろいろ探して、やっと見つけたのがマッサージ嬢です。

若いころから、なぜかマッサージが得意でした。つきあっていた男性にもよくマッサージをして喜ばれてました。ここ十年くらいは特定の恋人もいないので、新しい仕事をするのなら、男性の体に触れる仕事がいいなという下心もありました。

もう何年もセックスしていません。このまま人生が終わってしまうなんて考えられません。たまにオナニーはしますが、やっぱり逞しいペニスが欲しい。機会があれば、思いきりむしゃぶりついたり、とことんハメ狂ったりしたい、ずっとそう思ってきました。

といっても、まさか風俗で働くわけにもいきません。それで探し当てたのが、いまの仕事なのです。

いや、働く前は、ただ男性の肉体をマッサージできればいいと思っていただけで、それ以上のヘンな期待は何もありませんでした。本当です。でも個室でマッサージする店だと知ったときから、ムラムラとへんな期待が盛り上がってきました。

岩盤浴といっても、このサロンはちょっと変わった店です。ふつうには、広い部屋に大勢のお客さんが横になって、女性のマッサージを受けるのですが、この店は個室なのです。そんなに大きな部屋ではありませんが、それが逆にちょっと風俗っぽいというか、あやしい感じです。

マネージャーからは、最初に指導されました。

「もしかしたらエッチなサービスを求めてくるお客さんもいるかもしれないけど、そういう店ではないので、はっきりとお断りしてくださいね」

確かに、そういう男性は、最初からそのてのお店に行きます。うちの店に来る人は、あくまでも岩盤浴が目的なので、エッチなことは禁止というのはわかります。でもマネージャーがそういう注意をするということは、実際にそういう人もいるということです。なんか、期待してしまいました。

実際、ほかのマッサージ嬢の話を聞くと、やはり狭い部屋の中で女性に体をさわられるのだから、つい勃起してしまう人も多いみたいです。中には、マネージャーには内緒でおさわりのサービスをしてチップをもらう人もいるようです。

それを知ってから、私も楽しもうと開き直っていました。

正直に言いますが、いまはもうかなり積極的にエッチなことを楽しみ、いままで何もなかったぶんを取り返しています。

最初のきっかけは、働きはじめてから一週間くらいのことです。三十代後半くらいのお客さんでした。知的で清潔感があって、もろにタイプでした。この人をマッサージできるんだと思うと、もう何もしないうちからアソコがジュンジュンしてくるのがわかりました。

個室なので黙っていると気詰まりになります。だから、あたりさわりのない世間話をするのですが、そのときはなんかドキドキしてしまい、ついお客様のきれいな体に見入ってしまったのを覚えています。

もしも許されるのなら、すぐにでも全裸に剝いて、体中を舐め回し、いきり勃《た》ったペニスにむしゃぶりついて、私のスケベな割れ目に入れて、思いきり腰を動かしてイキ狂いたい、そんなことを考えてしまいました。いま思えば、何もしないうちから、アソコがグッショリになっていた気がします。

最初、うつぶせになってもらい、全身をほぐすのですが、店で用意した大きめのトランクス一枚だけのお客様の体は、すごくそそられました。

なんかスポーツやってたんですかとか、仕事は毎日お忙しいですかとか、どうでもいい質問をしながら、肩から背中、腰からお尻にかけてをじっくり観察していると、なんかもうむしょうにこの若い体をさわりまくって舐め回したくなりました。もう完全に野生の女になっていました。

マッサージしながら、自分のおっぱいのふくらみをこすりつけたりしました。私たちが着てるのは、白いTシャツのような制服、下も白いジャージのようなパンツです。ほとんど布きれ一枚なので、体の線はわかるはずです。私はもともとEカップあるので、お客様も、その大きなおっぱいが体に触れてるのに気づいてるはずです。

そのうち、何を質問しても、ああ、とか、うん、とかしか言わなくなってきたので、ああ、このお客様、私の巨乳で興奮してるんだとわかりました。

しばらくしてあおむけになってもらうと、思ったとおり、トランクスの前がパンパンにふくらんでテント張ってました。

「お客様、もっとリラックスしていいんですよ。そんなにカチカチでは、マッサージの意味がないですよ」

耳元でそうささやくと、トランクスの盛り上がったところがピクンと反応しました。

「いやあ、だって、あなたの体がすごいから」

「私の体？　すごいですか？　どのへんが？」

「どのへんて、その、おっぱいとか」

「あら、私のおっぱい、気になりますか？　私のおっぱいで、お客様のここ、こんなになっちゃったんですか？」

そう言って、冗談ぽくトランクスの前を指先で突きました。

「敏感なんですね、ちょっとさわっただけで体がピクピクしてますよ。血行がいい証拠ですね、とてもいいことです」

適当なことを言いながら、全身をマッサージし、乳首をいじったりしました。いや、もう、マッサージというより愛撫でした。お客様の体は確実に反応していました。

「あら、お客様、乳首も敏感なんですね。おっぱい感じる男性って、かわいい」

耳元でささやきながら、なおも乳首責めすると、トランクスの下でペニスがビクンビクン反応するのがわかりました。

「お客様、すごい、乳首を責めると、下のほうも反応してますよ。エッチなんですね」

「いや、だって、乳首こんなにされるの初めてだから」

お客様のうわずった声を聞いて、私はもう我慢できなくなりました。

「じゃあ、今度は下のほうもマッサージしますね」

最初はトランクスの上から、それをギュッと握りしめました。それだけでお客様は体をグンとしならせました。

ああ、かわいい。この人、何してもすぐに反応してくれる。

五十歳の私が、こんな若い男性をいいようにしてると思うと、すっかり興奮してしまい、もう仕事も忘れてトランクス越しにペニスをこすり上げました。

「あら、お客様、トランクスが濡れてきましたよ。ヘンなお汁が出てきたんでしょう」

「いや、だって、そんなふうにされたら」

「いい反応ですよ。どれくらい溢れたか、見てみますね」

そう言って、トランクスをめくって脱がせ、お客様を全裸にしました。

目の前に、男性自身がそそり立っていました。ナマで見るのは何年ぶりだろう、しかも、そんなに若いペニスは、もう自分には無縁だと思っていたのに。

「おっきいですね、お客様のペニス。ていうか、これ、カリが張ってて、逞しくて、毛もいっぱい生えてて、ペニスじゃなくて、チ○ポって感じですね。お客様のいやらしいチ○ポ、ご奉仕しますね」

「え、ご奉仕って？　いいんですか？」

お客様は予想していなかった展開にどぎまぎしているようでした。それがまたかわいくて、私、その若いチ○ポを握ると、いきなりしごき上げてしまいました。

「いいんですよ。だって、こういうことされたいでしょう？　ほら、こうやってシコシコされると、気持ちいいでしょう？」

ドクドクと脈打ってるモノをリズミカルにしごき上げていると、先端から熱いお汁がどんどん出てくるのがわかりました。この人も感じてるんだと思うと、私のほうもどんどん濡れてきて、白いジャージがおもらししたみたいにシミになってるのに気づきました。自分の体が、まだそんなに愛液を垂らすんだと思うと、なんかうれしくなってしまいました。

「ねえ、お客様、ふだんはこうやって、自分でシコシコしてるんでしょう？　たまには女の手でされるのもいいもんでしょう？　どうですか？　私の手コキ」

「さ、最高です。こんなサービスがあるなんて知らなかったです」

「お客様だけの特別サービスですよ。絶対に内緒にしてくださいね」

「は、はい、わかりました。内緒にします」

「ふふ、だったら、もっとサービスしますね。声出しちゃダメですからね」

私はもう我慢できなくなって、その生チ○ポを口の中に入れました。久しぶりのフェラチオです。若くてぶっとい男性自身で口の中がいっぱいになり、生臭い匂いが鼻の中に充満しました。お客様は必至になって声が出るのを我慢していますが、体はヒクヒク反応していて、感じまくってるのは確かです。

ほんとうにもう、本能全開になってしまいました。

「ああ、いい匂い、オスの匂いがしますよ。たまんないわあ」

そう言いながら、むしゃぶりつきました。この人は何をしてももう抵抗できない、そう思うと、仕事のことなんか忘れてしまいました。

「いっぱい感じていいんですよ。私の口で、もっとビンビンになってくださいね」

そう言いながら、亀頭をしゃぶり、鈴口を刺激し、サオを舐め回し、そして足を開かせて睾丸も舌先で転がしました。タマを含んで口の中で転がすと、お客様は腰を浮かせてうめき声をあげました。ああ、すごい、この人、私にキンタマ舐められて感じまくってる……そう思いながら、サオをしごきながらのキンタマ舐めで責めつづけていると、目の前でアナルがヒクヒクしてるのに気がつきました。

「お客様、もしかして、こっちもお好きなんでしょう」

私は、舌先をアナルに押し当て、微妙に動かして刺激しました。久しぶりに味わう男のアナルに、体の奥がジンジンしびれてしまいました。

「ああ、そ、そんなところまで」

「お客様、ここも感じるみたいですね。きゅっきゅして私の舌先をつかまえようとしてますよ」

両足を上げさせて、アナルを丸出しにして舐め回しながらサオをこすり上げると、もう全身を痙攣させながら感じています。

この人ったら、私にチ◯ポもアナルも責められて感じまくってるんだ。その姿を見てると、もう私のアソコもだらしなくオツユを垂らしまくって、どうしようもなくなってきました。

「ああ、いやらしい。チ◯ポしごかれてアナル舐め回されて、お客様感じまくってるんですね。すごくスケベですよ。こんなおばさんでも、こんなに感じてくれてうれしいわあ。もっともっと感じてくださいね」

「すごいです、こんなの初めて。こんなにされたら、我慢できなくなります」

お客様の手が伸びてきて、ジャージの上から私の股間をまさぐってきました。

「すごいですね、もうビッショリじゃないですか」

ジャージ越しに割れ目をなぞってきます。そんなにされたら、もう私も止まりません。いきなり、ジャージと下着を脱いでしまいました。

「いいですよ、好きにして。熟女のおま○こ、どうにでもして」

私、ベッドに上がると、69の形になりました。そして目の前にそそり立ってるオスのチ○ポにむしゃぶりついて、激しく舐め回し吸い上げました。お客様のほうも、私のアソコに顔を埋《うず》めてきました。指先で割れ目を広げて鑑賞していたかと思うと、熱い舌先でクリトリスをしゃぶり、ビラビラも舐め回し、穴の奥まで舌先を突っ込んでトロトロの愛液を味わっています。

「ああ、いいわあ、気持ちいい。もっとして、私のおま○こ味わって。ねえ、おま○こだけじゃなくてアナルも舐めて、お願い。アナル舐めっこしよう」

もう完全に本能のままに動いていた私は、彼のアナルをしゃぶりました。彼のほうも私のお尻を広げて、アナルに熱い舌をめりこませてきました。

すごい、私、年下の男と69でアナル舐めっこしてる。

そう思うだけで頭がおかしくなりそうでした。気がついたら、狭い個室の中にはお互いが舐め合ってるビチョビチョという音だけが響いていました。つい大きな声が出そうになるのを必死で我慢していたのを覚えています。

「ねえ、お客様、もう我慢できないでしょう？　入れたくない？」

本当は我慢できなくなっていたのは私のほうです。目の前にある生チ○ポを入れたくてたまりません。

「いいんですか？　入れたいです。入れさせてください」

「いいですよ。私もこのエロいチ○ポ見てたら、もうたまらなくなっちゃった」

私は体の向きを変えました。そしてお客様の顔を見おろしながら、その若いモノに手を添えて、熱く濡れまくってる私の女の部分に押しつけ、そのまま挿入しました。

「ああ、入りましたよ。お客様のチ○ポが私の中に納まりましたよ」

最初はゆっくり動いていたのですが、すぐにそれでは物足りなくなって、激しく上下していました。和式トイレに入ってるみたいなしゃがんだ格好になって、お尻を上下運動させるのです。結合部分からは卑猥な音が聞こえています。その音、いまでもよく覚えています。音が出るくらいに愛液が大量に溢れてるんだと思うと、すごくうれしかったのです。

「気持ちいい、若いチ○ポすごくいい。ねえ、熟女のおま○こはどう？　気持ちいいですか？　たまには、熟れた女のおま○こも、いいでしょ？」

「は、はい、すごいです、こんなの初めて。腰の動きがエロすぎです」

「ほんと？　これがいいの？　この上下運動が好きなの？」

私はもっと激しく上下に動きました。おま○このヒダがめくれたり巻き込まれたりする感触にゾクゾクしました。お客様の下半身は、私のオツユでヌラヌラ光ってました。私がオシッコ洩らしたみたいに濡れていたのです。

「ねえ、今度は後ろからしてみませんか？」

そう言って体を離すと、お客様はうれしそうな顔をしました。

「いいんですか？　バックからするの、好きなんです」

私はベッドをおりて両手を突き、お尻をうんと突き出しました。そして上半身は白いTシャツを着たまま、お尻だけ丸出しにしてお客様のチ○ポを受け入れたのです。

後ろから挿入されると、あらためて大きなチ○ポだということがわかりました。勢いがあるというか、ただ入れてるだけでも、奥のところを突き上げてくる感じがします。それが前後に動きだすと、もうほんとうに壊されそうな感じがしました。

「声は出しちゃダメですからね」

そう言いながらも、声が出そうなのは私でした。ベッドにしがみつき、後ろからズンズン突かれる感触に酔いながら、口からはヨダレが垂れ、わけのわからない声が出ていました。

「もっと突いて、思いきり突いて、お願い、壊して」

何度も「壊して」と言っていたような気がします。

お客様に両手でがっしりと腰をつかまれて、なんかもう動物のように激しく奥をえぐられました。しかも、ときどき指でアナルをいじられて、いろんな快感が押し寄せてきて、何度も何度も小さなエクスタシーがやってきました。

これがずっと続けばいいと思いましたが、マッサージの時間は決まっているので、いつまでもやってるわけにはいきません。

「お客様、そろそろイッて。私、お口で受け止めるから、いっぱい出して」

お客様はさらに激しく突いてきました。私のほうも、最後の大きな波がやってくるのを感じていました。そして最後、お客様が抜いたと同時に私は跪《ひざまず》き、チ〇ポを咥えて、勢いよく発射される濃厚汁を口で受け止めて飲み込んだのです。

ほんとうに久しぶりの精液の味に、頭の奥がジンジンしびれました。若いころに、たくさんの男のモノを咥え、精液を味わったことを思い出しました。そして、これからは、もっともっと楽しもうと決心したのです。

それ以来、私はお客様を相手に、いろんなことをしています。誰でもというわけではありません。大半は普通のマッサージだけで終わるのですが、でもマッサージの最中にいろんなところを刺激して、あ、この人ならいけそうだと思ったら、積極的に責めるのです。

全身を愛撫しながら乳首をさわってあげて、それで乳首が勃起したり、体が震えたりする人は、その気アリです。マッサージから愛撫に変更して、全身を責めます。少しずつ下半身に降りていき、トランクスの前がパンパンに盛り上がってきたら、もうこっちのものです。

「ここも、ほぐしましょうね」

そう言ってトランクスの上から握りしめ、それで我慢できなくなったら、脱がせてナマでしゃぶります。それだけでイカせることもあります。

「お口に出してくれますか？　飲ませてください」

そう言って飲ませてもらうこともあります。

アナルが感じるお客様は、四つん這いにしてアナル舐めをしながらチ〇ポをこすります。睾丸を揺らしながら四つん這いで喘いでる若い男性の姿はたまりません。四つん這いでアナルをさらしてるお客様を責めながら、自分でもアソコをさわってオナニーすることもあります。

何人かアナルに指を欲しがる人がいました。私も初めてでしたが、でも指挿入されてお尻を振って感じまくってる男性の姿もエロくていいものです。新たな楽しみを覚えました。

挿入してもらうときは、たいていは私から跨《また》って騎乗位から始まります。そして最後は正常位かバックでフィニッシュです。マッサージの時間は六十分ですが、前半はたいていまじめにマッサージしているので、後半は三十分くらいしかありません。でも時間が短いだけに、かえって濃厚に楽しめます。

そんなふうにして、もう何十人ものお客様と淫らなことをしてきました。

ここ何年かそういうことをしていなかった反動なのか、若いときよりも自分がスケべになった気がします。おかげで、経験人数が一気に四倍か五倍も増えました。それに、私を指名してくれるお客様も多いし、チップももらうので、収入も会社勤めしていたときより多くなりました。

もうすぐ五十路ですが、まだまだ人生はこれからです。私もまだ「女」として捨てたもんじゃない、まだ十分に楽しめる、そのことをたくさんのお客様が証明してくれました。

今日もこれから出勤です。今日のお客様とは、どんなふうにして楽しもうかなと考えると、早くもアソコがうるおってくるのです。

エッチを撮影されると激しく興奮する主婦が何人もの男とハメ撮りセックスを満喫して

結城佐恵子　主婦・三十八歳

私はごく普通の専業主婦です。息子が中学生になってあまり手がかからなくなり、自分の時間が増えると、私はもう女として終わってしまったのかしら……ということをよく考えるようになってしまったんです。

というのも、現在、日常的につきあいがあるのは息子の同級生のお母さんたちだけ。夫とはもう五年以上もセックスはしていません。ただの子育てマシーンになっていたように感じたんです。

そこで私は新しい出会いを求めて、ＳＮＳを始めてみました。匿名で日々のモヤモヤした思いをつぶやきはじめたんです。

夫に関する不満、みんなに母親として見られて女として見てもらえない不満、年齢を重ねるごとに徐々に強くなっていく性欲について、それがまったく満たされていないこと、昨日も家族のいない昼間の家でオナニーをしてしまったこと。

そんなことを赤裸々につぶやいていると、男性からダイレクトメッセージが大量に届きはじめました。

ほとんどが卑猥な内容のメッセージでしたが、その中からいちばんまともそうな男性を選んで返信メッセージを送りました。

その人と何回かメッセージのやりとりをして、息子が学校に行っている平日の昼間に会うことにしました。

相手の男性は営業職なため、一日に何軒か取引先を回れば、あとは時間の融通が利くということでした。

待ち合わせ場所に現れたのは、ちゃんとスーツを着てネクタイを締めた四十歳ぐらいの男性でした。清潔感のある人で安心していると、その人は私の顔を見てうれしそうに言ったんです。

「想像していた以上にきれいな人でびっくりしました」

お世辞だとは思いながらも、そんなことを言われたのはほんとうに久しぶりだったので、私はもうこの人に抱かれたいと強く思ってしまいました。

「ぼくで大丈夫ですか?」

そうたずねられると、私はコクンとうなずきました。

「はい。よろしくお願いします」

そして私たちは近くのラブホテルへと向かいました。

本当はお酒でも飲んでリラックスしたかったのですが、夕方に息子が学校から帰って来たときに、もしもお酒臭かったら怪しまれるかもしれないと思ったために、ノンアルコールです。

だけどそのぶん、胸がドキドキして、忘れていた女としての感情をはっきりと思い出すことができました。それはすごく心地いいものでした。

「白猫《しろねこ》さん……。ぼく、あなたに恋しちゃいましたよ」

部屋に入るとそう言って、彼は私にキスをしました。

白猫というのは私のSNSネームです。色が白いことと目が大きいことが自分のチャームポイントだと思って、そんな名前をつけたんです。

だけど、そう声に出して「白猫さん」と呼ばれると少し照れくさくて、私は本名で呼んでもらうことにしました。

「本当は佐恵子《さえこ》って名前なんです。だから、佐恵子って呼んでください」

「いい名前だ。知的で上品で、あなたにぴったりの名前です。ぼくの本名は武藤《むとう》といいます。今日はお互い何も包み隠さずに楽しみましょう」

そう言うと武藤さんはもう一度私にキスをし、舌を絡めながら器用に服を脱がしはじめました。

そして私はすぐに「何も包み隠さない」全裸にされてしまいました。

「あぁ、美しい……。特にオッパイの形がすばらしい。お臍も縦長ですごくきれいだし、それに陰毛も薄くて素敵です」

武藤さんはまたほめ殺しです。でも、悪い気はしません。ほめられて私がうっとりしていると、武藤さんがある提案をしてきました。

「佐恵子さんみたいにきれいな人とセックスできる機会なんてそうそうないから、記念に動画を撮らせてもらえませんか？　絶対に誰にも見せませんから」

思いがけない提案に、私は混乱してしまいました。確かに記念の瞬間を映像として残したいという気持ちはわかりますが、今日会ったばかりのを信用していいのか……。

確かに武藤さんは見た目も言動も紳士的ですが、ひょっとしたら裏の顔があるかもしれません。迷った末に私は答えました。

「ごめんなさい。それはちょっと無理です」

「そうですか、残念ですね。だけど、ハメ撮りって興奮しますよ。なんなら佐恵子さんのスマホで撮影してみませんか？　動画は佐恵子さんの手元に残るわけだし、ぼくが悪用する心配はないでしょ？　自分たちのハメ撮りを見ながら二回戦をするのが、すっごく興奮しちゃうんですよ」

自分のスマホで撮影するなら問題はないように思えました。それに、「ハメ撮り」という言葉が卑猥で、武藤さんの口からその言葉が出るたびに私の体は熱くほてっていくのでした。

「私のスマホでならいいですよ」

私はスマホをバッグから取り出し、カメラアプリをオンにして武藤さんに手渡しました。

「じゃあ、始めますね」

そう言ってスマホを向けられた瞬間、私は全身に鳥肌が立ってしまいました。レンズを向けられるのは、ただ見つめられるのとは全然違うんです。

それに追い打ちをかけるように、武藤さんは私にポーズの要求をしてきました。

「すごくきれいですよ。じゃあ、ここに座って後ろに体を倒してみてください」

武藤さんは掛け布団と枕で背もたれを作ってくれました。私は言われるままベッドに腰かけて、その掛け布団の背もたれに寄りかかりました。ソファに浅く腰かけてそのまま後ろに倒れ込んだような格好です。

「じゃあ、今度は両脚を抱えてみましょうか」

「えっ？　それはちょっと……」

私の正面に武藤さんが膝立ちになっているんです。

「佐恵子さんの全部を撮りたいんです。ほら、早く」

スマホを向けられながらせかされると、私は断り切れずに、両脚を抱えました。M字開脚ポーズで後ろに倒れ込んだような状態です。

しかもすでに全裸にされていた私の陰部はスマホに向かって突き出され、肉びらがひとりでに左右に開いていくんです。

「おお……すごい……。パックリ開いたオマ○コの奥は、もうマン汁まみれでテカテカ光ってますよ」

「ああぁん、いやん……。そんなこと言わないでください」

「ほら、自分でクリトリスをさわってみてください」

スマホが股間につきそうなほど近づけて武藤さんは言いました。

いままでにそんなことをしたことはありませんでしたが、私は武藤さんに見せつけるようにオナニーをしはじめてしまいました。

割れ目の奥から愛液を指ですくい取り、それを塗りたくるようにしてクリトリスをこね回すと、とんでもない快感が体を駆け抜けました。

「ああっ……はああっ……あっはあああん……」

「す……すごい。マン汁がどんどん溢れ出てきますよ。あああ、なんてエロいんだ」

感極まったように言うと、武藤さんも服を全部脱ぎ捨ててベッドに上り、すでにビンビンに勃起しているペニスを私の唇に押しつけてきました。

「ほら、ぼくのチ○ポをしゃぶってくださいよ。その様子も全部撮影しておいてあげますから」

「はあぐっ……。ううぐぐぐ……」

私は大股開きでクリトリスをいじりながら、武藤さんのペニスをしゃぶりはじめました。その様子も全部撮影されていると思うと、もう頭の中が真っ白になるぐらい興奮してしまうのでした。

「ううう……気持ちいいです。ああ、もうオマ○コに入れたくなっちゃいました」

武藤さんが口からペニスを引き抜くと、私はいやらしく懇願してしまいました。

「ああぁん、入れてぇ……。はあぁ……武藤さんのオチ○チンを入れてぇ……」

「いいですよ。ほら、こっちを向いて」

私の足をつかんでベッドの中央に引き寄せると、大きく開いた股の間に武藤さんは体をすべり込ませました。そして、反り返るペニスの先端を、私のあそこに押し当てるんです。

「さあ、入れますよ。入るところもちゃんと撮影しておいてあげますからね」

「あああああん……来て……。奥まで入れてぇ……。あぁっんんん〜ん」

大きなペニスがヌルリとすべり込んだと思うと、今度はゆっくりと引き抜かれていき、また奥まですべり込んでくるんです。

その動きももちろんすごく気持ちいいのですが、抜き差しされる様子をスマホで撮影されていると思うと、快感は何倍にもなってしまいます。しかも、武藤さんが卑猥な言葉で私を刺激するんです。

「小陰唇がチ○ポにまとわりついていますよ。今度はすごく濃いマン汁が出てきた。本気汁ですね。もうチ○ポが真っ白だ」

「ああん、いや……。はああん、恥ずかしいぃ……。あああああん……」

そして武藤さんは徐々に腰の動きを激しくしていき、苦しげな声を出しました。

「あっ……ダメだ。もうイキそうだ。顔に……顔に出してもいいですか？」

「ああああっ……ちょうだい……。はああん、お顔にちょうだい。あああっ……私も

……私もイク～！　あっはああん！」

　全身の筋肉が硬直し、膣壁がきつくペニスを締めつけました。その刺激で武藤さんも限界を超えたらしく、勢いよく引き抜いたペニスを右手でつかみ、左手でスマホのカメラを向けたまま、熱い精液を私の顔に大量に射精したのでした。

　そのあと、お掃除フェラまでさせられて、その様子も全部、スマホで撮影されてしまいました。

　もちろん、少し休憩したあと、その映像を二人で見ながら二回戦を楽しんだのは言うまでもありません。

　その日から、一日に何度もその動画を見ながらオナニーをする日々が続きました。だけど、一週間もすると、徐々にその映像には飽きてきて、もっと違う動画を見たくなったんです。

　それでネットでエロ動画を見てみましたが、あまり興奮はしませんでした。やはり自分のいやらしい姿が映像に記録されているというのが興奮してしまうんです。

　それならまたハメ撮りをしてほしい。そう思って武藤さんに連絡をとろうかと考えましたが、何度も会うと本気になって家庭を壊すことになってしまいそうだと思ったんです。

卑猥なセックスはしたいけど、いまの生活を捨てる気はありませんでした。

そこで私は、ダイレクトメールを送ってきた別の男性と会うことにしたんです。待ち合わせ場所に現れたのは、まだ二十代じゃないかと思える若い男性でした。ジーンズにダウンジャケットで、髪は少し茶色くてサラサラといった爽やか系男子です。とりあえずホテルへ行くことで同意しましたが、こんな爽やか系男子がハメ撮りなんかしてくれるだろうかと不安になってしまいました。

だけど、そんな心配はいりませんでした。

「私のスマホでハメ撮りしてほしいの。心配しないで。ハメ撮りだから、あなたの顔は映らないから。だけど、その動画は私が持って帰るわ。いいでしょ？」

そう頼むと、うれしそうな顔をして「いいっすよ」と快諾《かいだく》してくれたんです。男はみんな少なからずAV男優になってみたいと思っているものなのでしょうか。

彼もまた私をソファに浅く座らせてM字開脚ポーズをとらせて、陰部をドアップで撮影しながらたっぷりといじくり回しました。

男はみんなこれが好きみたいです。

「うわっ。すごいっすね。奥さんのオマ〇コ、ビラビラが大きくて、チョーエロいっすよ。ほら、こんなに伸びる」

彼は小陰唇をつまんでグイ～ッと引っぱるんです。

「あぁぁん、いや……恥ずかしい……」

確かに恥ずかしいのですが、それがまた快感です。

「中の具合はどうかな？　指を入れてあげるね」

そう言うと彼は人差し指を膣の中に挿入し、左右に動かしはじめました。すると私のあそこがカポカポグチュグチュと鳴るんです。

「おお……すっごく濃いマン汁が出てきたよ。奥さんエロエロだね」

武藤さんに撮影してもらった動画ですでに確認ずみなので、自分の愛液がどれほど濃厚かということはもうわかっていました。

その様子が頭に浮かぶので、恥ずかしさはかなりのものです。

「奥さん、ぼくのペニス、こんなになっちゃったよ」

彼はその場に立ち上がり、自分の股間にそそり立つペニスを見せつけました。

「あぁん、すっごく元気ね。それに形がエッチだわ。カリ首がすっごく大きく開いてて……。あああん……舐めたい……しゃぶりたい……」

撮影されていると思うと、ふだんのセックスでは口にしたことがないような卑猥な言葉がどんどん出てくるんです。

「じゃあ、しゃぶっていいよ。ほら、早く」

彼は仁王立ちになって、そそり立つペニスをピクピクふるわせています。

私はベッドから降りて彼のペニスに手を伸ばそうとしました。すると彼は、すっと腰を引いてしまうんです。

「ダメだよ、奥さん。手を使わないでしゃぶってよ」

「こう？」

だけどまっすぐ天井を向いてそそり立っているペニスを咥えるのはなかなか難しいんです。しかも彼がペニスをビクンビクンと動かしてみせるものだから、まるでパン食い競争のようになってしまうのでした。

その様子ももちろん撮影されていますし、さらに彼は私にもっと卑猥なことをさせようとするんです。

「すごくエロいよ。ほら、『私はチ○ポ大好き主婦です』って言ってみて」

「あぁぁあん、いやぁ……。それは……恥ずかしすぎるわ……」

「言わないならしゃぶらせてあげないよ。ぼく、もう帰っちゃおうかな」

もちろんそんなことはしないとわかっていましたが、ペニスが欲しくて欲しくてたまらない私は、素直にその言葉を口にしてしまうのでした。

「あぁぁぁん……。私はチ◯ポ大好き主婦です。だから、しゃぶらせてください」

「いいよ。じゃあ、しゃぶって」

彼はペニスの根元をつかんで、私がしゃぶりやすいようにと先端をこちらに向けてくれました。

「はあぐっ……」

勢いよく口に含み、私は首を前後に動かしはじめました。じゅるじゅるじゅぱじゅぱといやらしい音が鳴り、彼が苦しそうに顔をしかめました。

まだ若い彼には、この状況は卑猥すぎるようでした。

「ああ、もうダメだ。オマ◯コに入れたい！」

いきなりペニスを口から引き抜くと、私を四つん這いにしてバックから挿入してきました。

「あっはあああん！」

「ああ、奥さんのオマ◯コ、ぬるぬるしてて、温かくて、すごく気持ちいいよ」

「はあぁぁん……あぁぁぁん……撮ってるの？　この姿も撮ってるの？」

「もちろんだよ。ケツの穴がヒクヒクしてて、すごくエロいよ。ああ、たまらないよ」

「ああっ、いや……。お尻の穴は見ないで。はあああん、恥ずかしい……あああああっ……ダメ……あああん、い……イク……イク、イク、イク〜！」

私は絶叫しながら果てて、その場に崩れ落ちました。そんな私をあおむけにして、彼はまたペニスを挿入してきました。

「ぼ……ぼくももうイキそうだよ。中に……中に出してもいいよね？　もう出る！」

そう言ったとたん、彼は私の膣の中に熱い液体を大量に放ったのでした。

「うう……すごく気持ちよかったよ。抜くところもちゃんと撮っておいてあげるね」

ずるんとペニスが引き抜かれ、ぽっかり空いた膣口から精液がどろりと溢れ出る様子もしっかりと撮影されてしまいました。

もちろんその動画を再生しながら、家で何度もオナニーをしてしまいました。

すっかりハメ撮りにハマった私は、それ以降も何人もの男性とハメ撮りを楽しんでいます。いまでは私のパソコンのＨＤの中は自分のハメ撮り動画だらけで、そろそろ容量が足りなくなりそうなんです。

女上司二人と長期出張中驚きの出来事
思いがけず初体験しただけではなく……

川崎健一郎　会社員・四十四歳

いまから二十年前の話になります。そのころの私は、人材派遣会社の営業職をしていました。

上司は桑原《くわばら》さんという三十六歳の独身女性で、同期入社の友田《ともだ》さんと仲がよく、二十代のころから海外旅行やクラブ通いなど公私ともに仲のいい友人という話はそれとなく聞いていました。

入社二年目の春先のこと、関西方面で会社の支店を出す話が持ち上がり、桑原さんと友田さんと私の三人で一カ月の長期出張に赴《おもむ》きました。

店舗決めや顧客集めと一からの新規開拓だったため、めまぐるしい日々を過ごし、ようやく目処《めど》がついたのが二十九日目。打ち上げをする予定でしたが、桑原さんは友人と会う約束が出来たとのことで、友田さんと二人で食事をしました。

そしてホテルに戻ったあと、彼女のほうから部屋飲みに誘われたんです。正直もう休みたかったのですが、上司の命令には逆らえず、彼女の部屋で二次会が開かれました。

女性上司二人は同じ部屋を使用しており、私はやや困惑顔で桑原さんのベッドに腰かけました。

「大丈夫ですかね？」

「何が？」

「桑原さんが戻ってきたら、いやな顔するんじゃないでしょうか」

心配げに問いかけると、友田さんは高らかな笑い声をあげました。

「あはは、大丈夫よ。今日は戻ってこないと思うわ」

「え？　どういうことですか？」

「友だちって、男よ。彼女、遠距離恋愛をしていて、彼氏はとなりの県に住んでるの。このひと月の間に何度も会ってるし、休みの前日はいつも帰ってこなかったんだから」

「そ、そうだったんですか。知りませんでした」

言われてみれば、桑原さんは精力的に仕事をこなしており、張り切っていたのは彼氏の存在があったからなのだと思います。

「まったく、やってられないわ」

友田さんはムスッとし、ビール缶を次々と空けていきました。

なまじ仲がいいだけに、嫉妬《しっと》に近い気持ちがあったのかもしれません。殺気めいた雰囲気にビビリながら話し相手をしていると、彼女の目がすわりだしました。

「いまごろ、エッチしてるのかしら？」

「え？」

「彼女よ。男と会ってるって、言ったでしょ」

「ああ……どうなんでしょ」

「あんた、やけに落ち着いてて、なんかしゃくにさわるわね」

「勘弁してくださいよ」

黒い感情を、こちらに向けられてはたまりません。無理をして笑顔を返すも、友田さんはさらに絡んできました。

「あんたは、どうなの？　つきあってる人、いるの？」

「い、いいえ、いまはいません」

本当は異性との交際経験は一度もないのですが、あのときは見栄を張ってしまいました。するとは彼女は意味深な笑みを浮かべ、興味津々に身を乗り出してきたんです。

「それじゃ、処理はどうしてんの？」

「……は？」

「自家発電？」

「い、いや、それは……」

「ひょっとして、童貞？」

すっかり見透かされてしまい、恥ずかしさから顔を真っ赤にすると、彼女はとんでもないことを言い出しました。

「私が教えてあげようか」

色っぽい目で見つめられると、全身の血が煮え滾り、友田さんに対して異性を強烈に意識しました。

アルコールが入っていたせいもあるのでしょうが、精力旺盛な年ごろだったので、性的な好奇心をどうしても抑えられなかったんです。

「こっちに来て」

どうしたものかとうろたえていると、友田さんは立ち上がりざまやってきて、私の太ももの上に腰かけ、首に手を回しました。そして、ビールをひと口含んでから唇を近づけてきたんです。

「あ、そ、そんな……」

強引にキスをされ、ビールが口の中に注ぎこまれるや、舌を激しく吸われ、私は生まれて初めてのディープキスに胸をドキドキさせました。

彼女はスリムな体型にもかかわらず、太ももに乗せられたヒップはとてもまろやかで柔らかく、昂奮は高まるばかりでした。

長いキスが途切れたあと、友田さんは私の手を引っぱり、自分のベッドに連れていきました。そしてあおむけに押し倒され、ズボンを引きおろされたんです。

あのときの彼女はものすごく真剣な表情をしており、まるで怒っているような顔つきをしていました。

「は、恥ずかしいです」

こちらの言葉が耳に届かなかったのか、今度はトランクスをおろされ、いきり勃《た》ったペニスが反動をつけて飛び出しました。

「あら、もう勃ってるじゃないの。けっこう立派だわ」

「お、ぐう」

友田さんはすぐさま勃起を握りしめ、上下にシュッシュッとしごきたてました。

男の分身を初めて異性に触れられ、脳みそが爆発するかと思うほどの快感が全身に走りました。しかも彼女はそのまま身を屈め、ペニスを咥えてきたんです。

「は、おおっ」

ねっとりした生温かい感触に酔いしれ、情けないことに、私はそのまま彼女の口の中に放出してしまいました。

「うぷっ」

ペニスが口から抜き取られた瞬間、二発三発と精液が立てつづけに放たれ、友田さんは口元に手を添えながら胴体をさらにしごきました。

「はあはあ」

フェラチオだけでイッてしまったのですから、後悔はありましたが、あのときの私は脳幹がしびれるほどの快感にどっぷりひたっていました。

彼女はのどをコクンと鳴らして精液を飲みこみ、冷ややかな笑みを浮かべました。

「いやだわ……もう出ちゃったの?」

「す、すみません」

「でも、若いのね。おチ◯チン、まだ勃ったままよ」

下腹部を見おろすと、ペニスは依然として臨戦態勢をととのえていました。

友田さんは頬を真っ赤に染め、スカートの中に手を突っこんでショーツを引きおろしていったんです。

もしかすると、念願だった童貞を捨てられるかもしれない。そう考えた私は現金にも目を輝かせ、その瞬間をいまかいまかと待ちわびました。

ところが彼女は体を移動させ、私の顔に跨《またが》ってきたんです。

「舐めて。私も気持ちよくさせて」

「あ、ん、ぷっ」

スカートを頭にすっぽり被せられ、濃厚な女臭が鼻の奥をつんざき、甘ずっぱい匂いに混じってただよう体臭と尿臭に胸が騒ぎました。

彼女は局部を見られないだろうと思ったようですが、照明の光が薄い布地を通し、女の園がはっきり見て取れました。

薄い陰毛の下に息づく花びらはとても厚みがあり、クリトリスも小指の爪ほどにふくらんでいました。

割れ目の奥からは赤い粘膜がのぞき、とろみの強い愛液がいまにもこぼれ落ちそうなほど溢れ返っていたんです。

友田さんはあそこを口元に押しつけ、腰を激しく揺すってきました。

ヌルッとした花びらの感触に驚く一方、男の本能なのか、私は無我夢中で舌を動かしました。

「もっと、もっとよ！　ああ、いい、いいわぁ、イクっ、イキそう」

欲求がよほど溜まっていたのか、彼女はすぐにアクメに達し、ヒップを大きくわななかせました。そして私のとなりに横たわるや、スカートをたくし上げ、大股を開いて催促してきたんです。

「入れて！　早く！」

身を起こし、言われるがまま腰を両足の間に入れると、ぱっくり開いた女芯がペニスの侵入を待ちわびるかのようにひくつきました。

もちろんためらうことなく、私は亀頭を濡れた窪みにあてがい、腰を突き進めたんです。

「違うわ。もっと下」

「は？」

「ここよ」

ペニスを握られ、膣穴に導かれたとたん、先端にぬるりとした感触が走って、またもや射精しそうになりました。

必死に我慢して下腹部に力を込めると、ぬくぬくした柔らかい肉襞がペニスを包みこみはじめました。

「あ、あ、あ……」

友田さんも、気持ちよかったのだと思います。眉根を寄せ、口を半開きにし、体の動きを止めて、ペニスの感触を味わっているように見えました。

「はあぁぁっ」

男の分身が根元まで埋めこまれると、私と彼女の口から同時に熱い吐息が放たれました。

膣の中は溶鉱炉《ようこうろ》のように熱く、とにかくびっくりしたことを覚えています。とろとろの柔肉がうねりくねりながらペニスをやんわり締めつけ、快感は自分の指とは比べものになりませんでした。

「ああ、いいわ。そのままゆっくり動いて」

「は、はい」

指示どおりに腰のピストンを開始すると、快感の高波が何度も押し寄せ、私は歯を食いしばって耐えました。

「んふぅ、はぁぁっ」

「うむぅ、き、気持ちいいです」

「私もよ」

友田さんはうつろな目でそう告げたあと、なんと下から腰を振りはじめたんです。

ペニスが膣の中で引き転がされ、頭の中がピンク色の靄《もや》におおわれました。

「あ、そ、そんなに動いたら！」

「だめよ、まだイッちゃ！」

熟女は金切り声で咎《とが》めたのですが、腰の動きを止めても我慢できず、射精欲求が限界を超えて溢れ出しました。

「ああ、イクっ、イッちゃいます！」

「もう少しよ！　私もイキそうなの」

両目を閉じ、ありったけの力を振り絞って自制するなか、恥骨の打ち振りは止まらず、私は彼女の中に精液をほとばしらせてしまったんです。

「イクっ！　イックぅうっ!!」

次の瞬間、友田さんは腰をひくつかせ、エクスタシーに達したようでした。

体が汗と体液まみれになり、シャワーを交互に浴びたあと、彼女はすぐに寝息を立てました。

私は自分の部屋に戻り、こうして逆レイプに近い初体験を迎えたわけですが、実はこのあとに予想だにしない展開が待ち受けていたんです。

短パンとTシャツに着替えて就寝しようとしたところ、部屋の扉がノックされ、私は肩をビクリとふるわせました。

友田さんが目を覚まし、一度の情交では物足りずに訪れたのか。すぐさま扉を開けると、なんと桑原さんがベロンベロンの状態でたたずんでいました。

「あ、あ……どうしたんですか？」

「ちょっといい？」

「あ、いや、それは……」

彼女はこちらの返答を最後まで聞かず、強引に部屋に足を踏み入れ、備えつけの冷蔵庫からビール缶を取り出しました。

そして私のベッドに腰かけ、一気飲みで空けてしまったんです。

「何か、あったんですか？」

眉をひそめて問いかけると、桑原さんはじろりと睨《にら》みつけ、憮然とした表情で事情を語りはじめました。

「……浮気してたの」

「は？」

「彼よ。マンションに行ったら、女の痕跡を見つけて大ゲンカ。頭にきて、別れてきたの。で、いままでヤケ酒を飲んでたってわけ」

彼氏のことを思い出したのか、桑原さんは唇をとがらせ、ぶつぶつと独り言に近い悪態をつきました。

「ふざけるんじゃないわ。何が、君より素敵な女性よ。やりなおしたいって言っても、絶対に許さないんだから」

「あ、あの……」

自分の部屋に帰ったほうが、と言おうと思ったのですが、同期の友田さんにはフラれた姿を見せたくなかったのかもしれません。

どうしたものかと思案するなか、とんでもないセリフが聞こえてきました。

「いいわ……こうなったら、私だって浮気してやるんだから」

呆然《ぼうぜん》としていると、熟女の視線が向けられ、私は思わず肩をすくめました。

「川崎《かわさき》くん、こっちにいらっしゃい」

「い、いや……」

「上司命令よ！」

桑原さんは友田さんとは対照的にグラマーな体つきをしており、とても迫力があります。

ほんの一時間ほど前には友田さんと肌を合わせており、勘ぐられるのではないかという不安が脳裏をよぎりました。それに加えて、すでに二回も射精しているのですから、肉感的な熟女を相手にする自信もありません。

「早くっ！」

いまなら完全に逆セクハラなのですが、当時はそういった意識はまだ低く、私は仕方なくおずおずと近づきました。

「となりに座って」

「は、はい」

言われたとおりに腰かけると、首筋から汗と香水の匂いがただよい、意外にも股間がズキンと疼きました。

前方にドンと突き出た豊満な乳房、まろやかなS字を描く背中から腰のボディラインに牡の本能がムクムクと目覚めてしまったんです。

「あなた、童貞なんでしょ？」

「そ、それは……」

「恥ずかしがらなくてもいいのよ。私が、女の体を一から教えてあげる」

「へ……あっ」

ふっくらした手が股間に伸び、短パンの上から性器をもまれた瞬間、海綿体に熱い血液が流れこみました。

そのまま押し倒されて唇を奪われ、舌が口の中を這い回るなか、私は目を白黒させるばかりでした。

やがて桑原さんは身を起こし、短パンをトランクスごと引きおろしたんです。

「あ、ちょっ、待ってください。ま、まずいですよ」

「何言ってるの。こんなに大きくさせといて」

ペニスがビンと飛び出した瞬間、熟女は体の動きを止め、真剣な表情で私の下腹部を見つめました。

「ふうん、なるほど、そういうことか」

「な、何がですか？」

「おチ○チンが赤くなってるわ。一人エッチの最中だったのね」

勘違いしてくれて、とりあえずはホッとしたのですが、桑原さんはすぐさま股間におおい被さり、ペニスを激しい勢いで舐めしゃぶりました。

大量の唾液をまとわせ、グッポグッポと咥えられたところでフル勃起してしまい、腰の奥が甘ったるい感覚に包まれました。

豊満な女性は口の中も肉厚で、友田さんとはひと味違う快感を与えてきたんです。

「んっ、ふっ、んっ、んふぅ」

桑原さんは鼻で息継ぎをし、頭を左右に振っては艶《あで》やかな唇でペニスをしごきました。そして自らショーツを脱ぎ捨て、私の腰を跨ってきたんです。

あっと思った瞬間には亀頭の先端が割れ目に添えられ、むちむちのヒップが沈みこんでいく最中でした。

「あ、あ、あ」

「む、むうっ」

花園はすでに大量の愛液でぬかるみ、ペニスはさほどの抵抗もなく膣内に埋没しました。

「く、くおおっ」

あそこの感触も友田さんとは違い、ぽってりした膣壁がペニスをすき間なく包みこみ、なんとも言えない快感を吹きこんできたんです。

「ああ、気持ちいいわ。なかなか、いいモノを持ってるじゃない」

桑原さんはそう告げたあと、舌舐めずりし、怒濤《どとう》のスライドでヒップを打ち振りました。

トランポリンをしているかのように腰を弾ませ、下腹部に受ける圧迫感は息が詰まるかと思うほど凄まじいものでした。

「うっ、うっ、うっ!」

私は盛んにうめき声をあげていたのですが、ペニスがとろとろの媚肉にもみくちゃにされ、快感は自分の意思とは無関係に上昇するばかりでした。そして桑原さんの中に、この日、三回目の精液をほとばしらせてしまったんです。

そのあと、彼女たちとの関係は二カ月ほど続いたのですが、私が退職して終了しました。

もったいないという気持ちはあったものの、二股していることがバレてしまい、会社にいられなくなってしまったんです。

● 新人作品大募集 ●

マドンナメイト編集部では、意欲あふれる新人作品を常時募集しております。採用された作品は、本人通知のうえ当文庫より出版されることになります。

【応募要項】未発表作品に限る。四〇〇字詰原稿用紙換算で三〇〇枚以上四〇〇枚以内。必ず梗概をお書きそえのうえ、名前・住所・電話番号を明記してお送り下さい。なお、採否にかかわらず原稿は返却いたしません。また、電話でのお問い合せはご遠慮下さい。

【送付先】〒一〇一‐八四〇五 東京都千代田区神田三崎町二‐一八‐一一 マドンナ社編集部 新人作品募集係

激ナマ告白 ヤリたがりの人妻たち
（げきなまこくはくやりたがりのひとづまたち）

二〇二〇年 二月 十 日 初版第一刷発行

編者者 ● 素人投稿編集部 ［しろうととうこうへんしゅうぶ］

発行 ● マドンナ社

発売 ● 二見書房
東京都千代田区神田三崎町二‐一八‐一一
電話 〇三‐三五一五‐二三一一（代表）
郵便振替 〇〇一七〇‐四‐二六三九

印刷 ● 株式会社堀内印刷所 製本 ● 株式会社村上製本所
落丁・乱丁本はお取替えいたします。定価は、カバーに表示してあります。
● Printed in Japan ● © マドンナ社

ISBN978-4-576-20021-7

マドンナメイトが楽しめる！ マドンナ社 電子出版（インターネット）……https://madonna.futami.co.jp/

Madonna Mate